Y檔案

楊子敬教你如何避免被害

楊子敬 李仁龍／著

臺灣商務印書館發行

序

在偶然的機會，認識政大退休的歷史系主任王壽南教授。後來王教授輾轉聽到我曾經幫過朋友，處理一些一般民眾認為無解的、困難的疑難雜症。有一天，王教授專程到辦公室來看我，着實嚇我一跳，因少時不喜讀書，經常被老師責備，這輩子最怕的就是——老師，而且我一向對學術界人士非常尊重，怎敢讓老師來看我？說真的，警察平時除了為防範青少年事件與國、高中級學校，業務上的必要接觸比較頻繁外，很少與大學教授來往，所以，看到王教授，心理感受到的壓力蠻重的，一時失態，不知如何接待。畢竟教授就是教授，王教授看出我的窘態，很快，不著痕跡的舒緩了凝僵的氣氛。

在教授誘導之下，不太愛講話的我，受不了王教授的諄諄善誘，以過去辦刑案為話題，如涉及殺人、詐騙、金光黨……等，不知不覺地打開話匣，滔滔不絕，談個不完。心想「金光黨」手法，怎麼跟教授的誘導模式相似？首先，抓住對方的同情、正義、愛現……等心理，敲開對方的心扉；再接著就對方的專業……發揮，引發興致，拉近雙方距離，使之不知不覺，自自然然的，「麻吉」在他的目標，最後……

記得一段話：王教授問，有些事情，從我們民眾來看覺得非常非常之難，不知所措，那你們為什麼處理起來，簡直是易如反掌？我笑了笑回答：這太簡單了，犯罪偵查是我的本行，就像老師，哪一代，哪一人如何？難不倒您學歷史的，但問到我的話，可就難了。最後一定要找老師請教請教，一下下不就解決了嗎？同樣的道理呀！這時，王教授提，其實，當民眾遭遇難題，不知如何應付的情形相當多，過去警察電台羅蘭女士曾寫過「你，怎麼辦？」一書，假使你能夠寫一本諸如此類的書，相信可以幫助許多人。

個人聽了非常心動，就像上了「金光黨」（冒犯，冒犯）的迷魂煙一般，竟然答應下來，但對我這鮮少執筆的粗人，實比登天還難，半年多的限期過了，王教授也不斷來催稿，總是有理由推托（這回換我唱金光黨角色）。到今天，快兩年了，兼課的學校也快開學，怕開學後沒有時間，只好趕呀趕！不善打電腦的我，有時候敲到凌晨四點，就這樣逼迫自己，終於完稿。

本文，共十五篇，每篇分為兩大段：前段為案例，該「案例」的選擇，考慮到必須是符合大眾化，因此，煩請摯友資深新聞人仁龍兄，從媒體工作者立場，「看」、「選」、「寫」。後段則以個人辦案經驗，建議讀者要怎麼辦；本來原構想為「口述」型，但由於需要蒐集相關資訊，涉及範圍較廣，內容瑣碎，所跨越歲月亦長久，在抄錄、整理之間，很難自然成章，只好親自動筆，逐字逐句構思推敲撰寫。有時，甚至午夜醒來，想到甚麼就立刻記錄備忘。這一部分，由於個案案情不同，相關法律問題無法深涉，難免有隔鞋搔癢之感，歉難滿足讀者需求。另外，有幾篇篇末附上的加註，這是一位自稱除殺人、煙毒案外，曾經無惡不作的「歹人」所提供之內幕與另一角度之看法，頗值大家探討，也是個人根據他的口述，予以文字化。

鑑於本類資訊，在報章雜誌報導很多，並非鮮事，為寓建議（教）於樂，結構上採用小說化，以提高趣味性。很慚愧的是，本書未能完全如王教授期許，達到指點大眾迷津之用。而且限於篇幅，案例僅僅十五篇，建議辦法亦欠周全，只能做原則性之參考，非絕對之「公式範本」。

最後，特別感謝，所有協助我的朋友，幫我一個字一個字敲成的資料變成為一本書，感謝「無惡不做」迷途知返的回頭人、也感謝共同合著的伙伴仁龍兄，更感謝王教授，沒有他就沒有這本書，誠摯的謝謝各位。

楊子敬 九十二年九月一日
于潤泰保全

目錄

第一篇 計程車之狼

儘管已經是凌晨三點了，絕大多數的民眾，早已沉沉的進入夢鄉，然而，在這個號稱不夜城的首善之都，特別是特種行業林立的此地，霓虹燈閃爍的街頭，依舊有著稀稀落落的行人，在狂歡一夜後，踏著疲憊的步伐，準備回到温暖的家。

帶著滿身的菸味與酒氣，小紅走出工作的鋼琴酒吧，向姐妹淘揮了揮手，道了聲明天見。一陣涼風襲來，小紅的頭腦頓時清醒不少，站在路旁的她，準備攔部計程車回租賃的小套房。

方才在鋼琴酒吧內，林總一再表示要請她吃個消夜，再順道送她，但是想要自個兒靜靜的小紅還是婉拒了對方的好意。雖然有不少熟識的運將在酒店外排班，但不想讓別人瞭解太多的小紅，隨手招了一輛計程車坐上，吩咐司機天母住處的地址後，陪笑、喝酒一整夜的她，就緊閉著眼眸，頭腦一片空白的靠在舒適的後座椅上休息，也許真的是太疲累了，沒一會兒，小紅竟然睡著了，根本沒有察覺從一上車起，就從後視鏡不斷窺探的一雙眼睛。

計程車緩緩的沿著中山北路行進，但是，運將並未朝天母方向行駛，反而是轉往陽明山上。小紅在一個轉彎醒來，迷迷糊糊之間，赫然發現車窗外一片漆黑，小紅趕忙叫道：「司機大哥，你走錯路了啦。」

不料，這名運將非但未掉轉車頭，反而是用力的踩下油門，加速朝山區裡開去。

緊張不已的小紅，立刻大喊救命，不過，計程車已來到人煙稀少的山區，喊了半天也是枉然心急如焚的小紅，又試著打開車門企圖跳車，無奈，不懷好意的運將，暗中早已按下電動鎖，任憑小紅使盡吃奶的力氣，車門依舊文風不動，而這部計程車的車窗，更是貼上了近乎全黑的深色遮陽貼紙，即使外面有人經過，也根本看不到車中情況。

恐懼間，小紅突然想到，這一陣子台北市出現計程車之狼的社會新聞在電視與報紙上炒得火熱，報導指稱有歹徒利用計程車當犯罪工具，預謀在市區載客犯案，對象則鎖定年輕貌美的上班女郎，當不知情的魚兒上鉤後，歹徒就將計程車開往杳無人煙的荒郊野外，露出猙獰的面目，以暴力劫財又劫色。歹徒或是隻身、或是有同夥，唯一不變的是，犯案手法都相當兇殘，要錢也要人還不打緊，若遇被害人動作遲疑，或是極力反抗，歹徒二話不說就先飽以老拳，甚至刀槍相向，而這些被害人，運氣稍好的，只是金錢與肉體的損失，歹徒得手後即被一腳踢出車外，運氣不佳的女子，有的甚至則是連小命都丟了，落得棄屍荒野的可怖下場。

想到這裡，小紅不寒而慄，苦苦哀求運將放她一馬，可是，這名司機根本無動於衷，而且更可怕的是，坐在後座的小紅，突然發現身後的椅背竟然被推開，另一名預先躲在後車廂內的歹徒爬了出來，隨即掏出一把尖刀，抵住小紅的脖子，兇巴巴的要小紅乖乖合作，在利刃脅迫下，驚懼不已卻又不敢反抗的小紅，淚水不禁奪眶而出，口中喃喃的祈禱能夠逃過一劫。

計程車在山區裡繞了許久終於停下，兩名歹徒不懷好意的打量著後座的這雙待宰羔羊，要小紅將身上的鈔票自動交出，小紅一面掏錢，一面向歹徒求饒，她向其中一名貌似老大的歹徒開口：

「司機大哥，這三萬多元全部給你們了，求求你們放過我吧。」

這名歹徒毫不憐香惜玉，一把搶過小紅的皮包，又將其中的手機、金融卡、信用卡及證件統統搜括一空，就連小紅身上佩戴的珠寶首飾，也都一樣未能倖免。

為首的歹徒拿走這些財物後仍不滿足，又逼問出小紅金融卡密碼，然後要另一名歹徒先用膠帶將小紅牢牢的綑綁，交代他看好被害人後，自己便開了計程車下山找自動提款機領錢。

不到半個小時，計程車去而復返，為首的歹徒下車後，對著同夥興奮的叫著：

「嘿，這個小妞還滿合作的，你瞧，這兩張提款卡，讓我們一下就賺了十幾萬，可以好好的快活一陣子了。」小紅見兩名歹徒高興的分著鈔票，實在不敢想像自己接下來還會有什麼樣的悲慘遭遇，於是再度鼓起勇氣，用顫抖的聲音說道：

「司機大哥，錢你們已經到手了，拜託放我走吧。你們可以放心，只要放我一條生路，我絕對不會報警的。」

詎料歹徒不僅對小紅的哀求置之不理，反而惡狠狠的甩了小紅一耳光，打得小紅眼冒金星，痛得差點昏死過去，兩人一同走上前來，色瞇瞇的看著小紅美麗的臉蛋與健美的身軀，說道：

「小妞，我們兄弟難得碰到漂亮妹妹，你就配合一下，讓我們樂一樂吧。」說著說著，四隻手便不安份的在小紅身上摸來摸去，被膠帶牢牢綁著的小紅，拚命的掙扎，可是一個弱女子，又怎是兩個大男人的對手呢？

在這個偏僻的山裡，叫天天不應、叫地地不靈，淚如雨下的小紅，不禁埋怨自己的運氣怎麼這麼差，早知道就搭酒店外的排班計程車，或是請少爺叫輛無線電計程車，就不會誤上賊車了。

兩名歹徒隨即惡虎撲羊，三兩下撕破了小紅身上的衣物，輪流逞其獸慾，讓小紅是痛不欲生。人財兩失的她，看著猶不肯罷手的歹徒，實在不敢想像下一步到底會怎樣，萬一對方劫財劫色後，一不做二不休的殺人滅口，那該如何？想到這裡，小紅不禁要問：

「**天哪！我該怎麼辦？**」

楊子敬的話

是的，不可諱言，台灣的計程車問題的確不少，有乘客加害司機，有時則是司機危害乘客。但以司機危害乘客的機率好像較高，尤其多半以柔弱婦女為加害的目標。主要的原因是相關單位對司機及計程車之管理並不嚴密，尚待改進的地方相當多。因此，像彭婉如命案，雖然已清查南部幾縣市存檔的計程車及駕駛，迄今仍未出現有力的線索。

好像也有聽人曾經說過：「家裡的人不敢坐計程車」。因此大家對計程車的印象普遍不是很好。這種情形不只是台灣，我曾經在大陸看過駕駛座與客座之間裝鐵欄杆隔離保護駕駛的計程車。但是，日本的計程車就是大大的不同，第一印象給客人的是「安全感」。

數年前，曾經向當時的台北市長「Y扁」建議過，起碼台北市應該學習日本的計程車作法，好好整頓一下。不但可改變一下大眾的觀感，大家能安心乘坐，一來能增加計程車業者收入，再來更可改善治安，一舉數得。但「Y扁」可能認為此非國家大事，除業者自律性有提高外，其他未見有大幅改善。

計程車的管理本來有一套相當完整的辦法，只是做得不夠徹底，讓不法之徒，有機可乘，危害乘車安全。過去在高雄一帶，曾經發生一位心懷不軌的運將為了搶劫乘客，在計程車後行李箱裝上磨尖的鐵矛，利用彈簧，可由駕駛座向坐在後座的客人背部，發射該矛箭殺傷後加以搶劫錢財，而怕威力過大射穿客人再射傷自己，在駕駛座背後墊上一片鐵板防備，真是心狠手辣，令人難以想像。幸虧警察路檢時，發覺可疑，防範於未然，否則一定造成多起慘劇。

本來，要從事計程車的車輛也好，駕駛人也好，都有種種的限制，而且必須要登記，只要有案件發生後，証據中提到特定「人」「車」，應該是隨時有案可查，但實際並不然。

舉例來說：按照規定，非職業駕駛人，不能開計程車，但想要客串一下，賺一點外快，可以到出售計程車的中古車行，臨時租用，以時或日計費就將車開出，兜圈子找乘客。這還算正常，有的趁熟悉的計程車駕駛休息或在賭博的空檔，打個招呼借一下，丟個幾百塊，車子就開走了。至於是否真正跑計程車或去做了甚麼就很難掌控！

曾經有一位守份的羅姓計程車駕駛人，晚上回家，將計程車規矩的停好，没想到第二天就被請進了派出所，惹上纏訟六年之久的「計程車之狼」官司。因為，嫌犯半夜將車子偷偷開走，到台北市兜攬夜歸的獨行女生，加以搶劫，並故意把計程車上駕駛人羅××名牌顯示給被害人，遂將罪嫌嫁禍羅某。幸羅某遇到黃虹霞律師，義務為其辯護終得以洗清冤屈。

好恐怖！那麼晚間獨行的婦女（男生），就不能搭計程車了？絕對不是，大多數的計程車駕駛人是絕對守份的，為非作歹者，畢竟是少數。假使妳是「小紅」，該怎麼辦？建議妳幾個叫車的原則：

1.叫熟悉、固定的計程車。

2.請上班單位，叫無線電計程車，車行會告知派幾號車到。

3.再沒有信心，可到便利商店、百貨公司、超市或派出所等地，甚至打「一一〇」，他們都會樂意為妳叫可靠的計程車。因為保護「婦幼」是目前的重要政策。

4.上車前後，再確認一下車行、車號及駕駛人姓名，並使用手機，告知家人或服務單位。就是假裝打一下也好，有心的司機聽到通話內容，起碼會打消歹念，乖乖送你到目的地。

5.入座後，摇摇車門車窗是否可開？若打不開，就要問為甚麼？答案不合理，再趕時間也要下車，改叫另一部。

6.上車後，再累也不可打瞌睡，發現不對馬上摇下車窗呼救。

7.最好不要濃妝，能卸妝就卸了吧！穿著端莊也是同等重要的。

8.還有，最好結伴同行，相互照應。

不過，有關這些常識，「小紅」應該與同事閒聊時，已經多多少少聽到，她的問題倒不在此。重點在於她有「不想讓別人了解太多」的顧慮，也可以說是她的「弱點」。一個人有了弱點，往往容易給人有覬覦的機會。如：因為過份依賴而被耍，因為急於還債而被高利貸坑，因為有外遇而任人敲詐……等。

其次，歹徒往往會失去理性，而一不做二不休的，尤其是人多時。那怎麼辦？凡是不幸遇到意外事故，這是劫數，只有承受，認了，除非確實有絕對把握，否則不宜抵抗，不然可能反而刺激對方做出更極端的行為。這時候唯一考慮的是安全第一，生命可貴，如何保命而已。

因此，只有順其自然，只要有命，其他的暫時不要去管。要緊的是保持冷靜，先看清楚對方的相貌、身高、衣著、刺青、疤痕、佩帶物等特徵。牢記口音、體臭、動作癖性等，若能取得對方的生理、物理性物質更好，如指紋、唾液、毛髮、皮膚屑、衣服纖維等，哪怕是一點點，絕不嫌少，這些都可做為日後警察偵查上的重要線索。然後靜觀其變，儘量虛與委蛇，委曲求全，伺機而動，設法脫身。

事後，不可姑息養奸，或礙於顏面，不想報警。因為委曲受辱的夢饜已過，應勇敢出面報警，循法律途徑，討回心靈上、身體上的補償！萬一身體受辱，更不要忘了找婦產科醫生看診，做必要的懷孕、性病等防範處置；還有，對方留下的精液，更是確鑿的鐵證，看婦產科之前千千萬萬不可沖洗掉，醫生會採證的。

我曾在Discovery頻道上看過有個十七歲少女「摩麗莎」，某天晚上打工完畢，單獨騎自行車回家。路過一偏僻地區，遇到一個叫「朗羅伯」的男子，突被推倒強拉上車，坐在駕駛座旁。他亮出手槍，威脅不可叫喊，並令脱光衣褲後，以膠帶纏住雙手，蒙上眼睛。這時候小摩想起父母再三交代，因附近最近發生數起連續強暴婦女殺人案件，要她小心的話，當時父母也問過若不幸遇到時如何對付？她思考一下就將老師曾經告誡的一段話作為回答：「保命第一。我會設法冷靜，這也是人生的試煉，只有接受事實，聽從對方，絕不反抗，伺機求變。」父母聽了覺得小摩有能力應付，但還是加了一句「千萬要小心」。

小摩知道她不幸碰到了惡毒的歹徒，大吼也無濟於事，大概跟那些被害人相同，遭強暴後被殺了事。但小摩不願意，她一直對自己說：我要保住寶貴的生命回家，我絕對不要死！並悟出在這種場合縱然尖叫、掙扎、反抗是毫無意義。於是下定決心，照著老師的教導去做！

被押進房間後，咬緊牙關，表面上儘量配合，一切順應他，消除他的敵意，並苦苦哀求：

「先生，不要殺我，我會努力，好好當你的女朋友，不會尖叫，也不會離開你。」這一次歹徒破例，二十四小時內，經數次性交、口交，滿足獸慾後並未馬上殺害她。

另一方面，因歹徒始終未放鬆對她的監控，雙眼照矇，雙手照綁，她根本無機可逃。小摩做了最壞的打算，她要留下證據，萬一被殺也要讓警察為她報復。於是利用上廁所機會，從眼睛下方隙縫看看外界，手可觸摸但不易被擦拭的地方，像桌椅底部、床沿、馬桶周邊，設法留下她的指紋。也將隨身的小佩件，如：髮針、頭髮，唾液等遺留在床底下。

過了第二天的夜晚，歹徒突然說要載她離開此地，並以毯子裏住她的身體。她心想：完了，一定是要帶到野外殺了棄屍，於是拚命哀求朗嫌饒她一命，歹徒依然兇巴巴的，吼她動作要快，並以槍堵住脖子，再以膠帶貼上嘴巴。

在車上，朗嫌將小摩座椅放平，以免被外面發現。小摩也做最後的掙扎，一面仔細聽路過的聲響、明暗、車流等變化，記憶經過的可能是甚麼地區？一面將頭儘量靠後抬起，用被矇雙眼下方的餘光，看車前儀表板上有「MAGNAM」幾個字，她並拚命使力以腳底蹉磨腳底踩的紅色地毯，想多取得些證物。沒想到這幾個字、記憶與少些的纖維，竟然成為日後判刑的主要證據，也與警察在其他連續殺人案死者身上採取的纖維，比對結果是吻合，更成了連續性的確鑿證據。

過了一段時間，車子突然停下，小摩被取下毛毯裸光光的推下車，車子就急速的駛開，小摩就奇蹟地免於被殺害，經被路人發現，送警處理。幾天後，同樣的案子繼續發生，不久，警察根據小摩提供的寶貴線索，追查出車牌、車主，終於偵破該樁連續強姦殺人案。

嫌犯朗羅伯吐露，放走小摩後覺得不妙，但有生以來第一次被情所動，因而雖然被判極刑並不後悔。

小摩逃過一死，雖然有點運氣，但她為求生存所作的努力，以及被害過程中不忘替自己製造雪恥復仇機會，讓歹徒終於受到法律制裁，不再有無辜者受害，確實值得大家稱許、學習。

※　※　※　※　※

最近在日本神奈縣，出現一種只供女生夜間搭乘的計程車，由女性駕駛人當「運將」，並在計程車兩邊車門漆上「女性夜間專用車」大字。據說很受女性乘客青睞，因為，與女性駕駛人同車，總比與「男」駕駛放心多了。

不知台灣能否倣效，若可，那麼該「女運將」安全，是否會成為另一治安問題？

回頭人的話

現在的社會環境，到處都可以看到便利商店，例如統一超商、全家超商、萊爾富超商等等。這些個商店為了他們員工自身的安全，通常都會在店內和店外裝設監視器。因此只要選擇在超商門口叫車的話，那麼你與計程車之間的一舉一動，自然就會「全都錄」了。

有個好心的計程車司機如此的告訴我朋友：「如果妳一開車門，發現計程車裡前座的位子往前移的話，就要警惕了。因為有些好色的司機，會假裝說要讓坐在後座的妳坐得舒服一點，所以才把前座的椅子往前移，其實並非如此。如果妳發現不只是前座的椅子往前移，連同那把椅子上的頭枕也被拆下來的話，那就錯不了了，這個計程車司機，很可能是個偷窺狂。他只要挪動一下身子，調整一下上方的後視鏡，就可以很輕易的看到後座女孩兩腿之間的隱密。如果這部計程車裡還擺了一大堆的鏡子，那，趕快下車，才是上上之策。」

另外有個好心的計程車司機如此說：

「如果你上了計程車，發現該司機正在收聽有關政治評論的電台節目，那麼不要開口加入討論，靜靜坐著就好。尤其是在南部，更是不可以在計程車裡高談闊論當今的政局。」

也就是因為這個原因，在台北就有某個大車隊，嚴厲禁止該行的司機收聽政治新聞或與客人談論政局，以減少不必要的爭執。

第二篇

綁票追緝令

※　※　※　※　※

「老公！該起床了啦，你再不起來，趕不上飛機，可別怪我哦。」正在廚房煎荷包蛋、培根的李淑美，忙不迭的叫先生陳耀華起床。

好不容易張開惺忪的雙眼，天色仍只微亮，看看腕上勞力士手表的短針，也才指向六點，一股寒意襲來，冷得耀華直哆嗦，翻了個身，用枕頭將頭埋住，把身體蹉曲在暖和的羊毛被中，又繼續賴在床上，不肯理會淑美的三請四催。

迷迷糊糊之間，突然有一隻冰冷的手，伸進了羊毛被，耀華不禁發出一聲驚叫，抬頭一瞧，只見淑美氣嘟嘟的站在床前，腮幫子鼓得老高。

「老公！你要我五點四十分叫你起來，結果自己卻還在呼呼大睡，趕不上飛機，可別又怪到我身上。」雙手叉在腰間的淑美，拉開嗓門對著耀華直吼。

「好啦，好啦，我起來就是了。拜託你小聲一點，別把小龍給吵醒了。」耀華一面將手指豎起，比在嘴唇邊作禁聲狀，一面指著心肝寶貝兒子小龍的房間，要太太別再大吼大叫了，他自己則是心不甘情不願的慢慢從床上爬起。

匆匆的梳洗完畢，耀華換上了西裝，坐在餐桌上吃早點，淑美則是陪在一旁。嚥下最後一塊烤土司夾荷包蛋，喝乾了杯中的新鮮柳橙汁，耀華心滿意足的打了個嗝，「淑美，你實在太厲害了，這麼美味的早餐，比飯店的大師傅手藝有過之而無不及，讓我都不想出差了。」耀華討好的對淑美說。

「你別再灌迷湯了啦，這一個禮拜去泰國，沒有我在旁邊伺候，自己可得好好照顧身體。」淑美叮嚀著耀華。

「拜託哦，我又不是小孩子了，你就別嘮叨了。反而是你跟小龍，才讓我擔心呢。」耀華說完，又加上一句：

「我就不進去跟小龍說再見了，等他醒來後，你再告訴他，順便幫我親親他吧。」

「放心吧，我會好好看著兒子的，你辦完了事，可得快點回來哦，我跟小龍都會乖乖在家等你的。」淑美幫丈夫繫好領帶，整理了一下行李，又再囑咐耀華出門在外要小心注意等語，才依依不捨的開門，目送丈夫開車離去。

送走了丈夫，淑美轉身進門後，瞧見牆上可愛的布穀鳥時鐘，已經快要七點半了，因此，她未曾稍事休息，又進到小龍房間，叫兒子起床刷牙洗臉，穿衣著襪準備上學，自己則到廚房做兒子喜愛的花生醬三明治，順便沖杯温熱的阿華田。小龍從浴室出來，立刻自動自發的坐在餐桌邊，狼吞虎嚥的大啖媽媽的愛心早餐。

淑美吩咐小龍快點吃後，走到臥室挑件洋裝，化了淡淡的口紅，準備開車送兒子到幼稚園。耀華、淑美與小龍這一家三口的甜蜜生活，著實讓人羨慕不已，但是，他們三人的一舉一動，也全都看在停放在門前一輛休旅車上的三男一女眼裡。

※ ※ ※ ※ ※

「大仔，咱監視這家人已經一個多月，他們的生活起居，我們都已經瞭若指掌，似乎可以下手了吧？」頂著一顆大光頭的阿勇，向坐在駕駛座上，頭戴鴨舌帽的中年男子詢問。

「是啦，藏肉票的農舍，我們也都找好了，地點十分隱密，你自己也看過，動手應該沒問題啦！」另一名綽號芭樂的年輕男子，也在一旁幫腔，只不過，頭戴鴨舌帽的中年男子仍是文風不動。

「你們兩個住嘴好嗎！不說話沒人當你們是啞巴。只要時機成熟，紅龜自然會採取行動，你們把眼睛睜大點，好好監視任何風吹草動，別再像個老太婆一樣那麼囉嗦！」一身黑衣的長髮女子，嚇止兩人出聲。

被女子刮了一頓的阿勇與芭樂，雖然還想回嘴，但是，才說了一句：「亞玲！妳……」中年男子立即回過頭來，露出一絲兇狠惡毒的眼光，讓阿勇與芭樂馬上安靜下來，不再開口。

半晌，陳家別墅的車庫鐵門緩緩昇起，淑美開著一輛賓士黑色轎車，載著小龍朝幼稚園方向駛去，中年男子見狀，立刻發動休旅車，在賓士後面悄悄的尾隨，十五分鐘後，賓士停在一所雙語幼稚園大門口，一位老師上前與淑美寒暄了幾句，就將小龍帶進教室，淑美目送著兒子離開後，才又掉轉車頭回家，根本未發現停在距離幼稚園五十公尺處的那部休旅車，以及正在車上小聲交談的三男一女。

「阿勇！芭樂！」駕車的中年男子終於開口說話了。

「我看摸得差不多了。明天就下手吧，記住，動作要乾淨俐落些，等下回去，順便再好好檢查一下傢伙。」

「還有！膠帶、手套這些工具也要準備妥當。」

「另外，六支手機的電源、易付卡辦好沒？」中年男子不說話則已，一開口就是像連珠砲一般的大串詢問。

「大仔，請你放心，全部攏準備好啊啦。」阿勇跟芭樂必恭必敬的向中年男子報告，

「只要你下令，我們會做得真水濆，絕對不會露餡的。」又緊張又興奮的阿勇跟芭樂，尚未展開行動，腦海中就已浮現四人分著一疊疊孫中山的美妙畫面。

※　※　※　※　※

翌日上午，一如往常，淑美與小龍吃完早點後，開車出門朝幼稚園駛去，沒想到才駛到馬路上，一輛休旅車就衝到賓士前，擋住去路，淑美不知發生了什麼事，立刻下車查看，這時，休旅車上跳出兩名男子，一人摀住小龍的嘴巴，拚命的猛往車上拖，手持開山刀與手槍的另一人，則是朝

淑美揮舞，阻止她上前搭救。

眼看寶貝被抓，愛子心切的淑美，顧不得自身安危，一面大叫綁架，一面掄起皮包朝對方打去，歹徒看淑美還敢反抗，毫不遲疑的揮刀就砍，將淑美的手臂劃破，鮮血立即湧出，痛得淑美險些暈厥，跌倒在地上。歹徒將小龍抓上車後，便火速逃離案發現場，留下不斷哀嚎的淑美，而在歹徒作案的過程中，雖然左鄰右舍都有聽到被害人的呼救聲，但竟然沒有人見義勇為，願出面助淑美一臂之力，直到歹徒消失無蹤後，才有鄰人出來查看，打電話到一一九請求派救護車前來。

醫院的急診室裡，儘管手臂依舊隱隱作痛，但已止住流血的淑美，焦急的向醫生護士詢問：

「我家小龍被壞人抓走了！拜託你們快點救救他。」由於淑美受的是刀傷，接獲通報的警察，也來到了醫院，向淑美查詢初步的案發情況。

驚魂未定的淑美，向員警訴說著案發情況，但因當時情形太過危急，淑美根本來不及記下歹徒車號，也說不清歹徒的詳細面貌特徵，只能約略的描述一番。員警安慰淑美後，便派人送她回家，並展開全天候的保護，而警察局則是成立專案小組全力進行追查。

※　※　※　※　※

才剛返回家中，淑美馬上打了越洋電話給耀華，告訴丈夫小龍被壞人綁架的惡耗，耀華聞訊震驚不已，即刻向公司告假，兼程搭機回國處理。半天不到，耀華就已到家，進門後，看見有一堆警察在守候，他二話不說的先跑進臥房，一把摟住哭哭啼啼、傷心不已的淑美，要妻子別太過擔心。

「妳放心，不管花再多的錢，我也要換回我們的心肝寶貝。」耀華堅定的表示。

「可是，小龍才五歲，什麼都不懂，歹徒又那麼兇，不知道他們會怎麼樣虐待小龍。」

丈夫雖已回到身邊，可是淑美依舊擔憂孩子的安危，不斷的向耀華說：「老公，我真的好怕啊！」

一名便衣警察敲了敲門，比手勢要耀華出來談。

「陳先生，您好。我是××分局的刑事組長王大力。」與耀華交換了名片後，王大力再度開口：

「客廳裡都是我的同事，請您們夫妻放心，我們一定會全力設法救出您的孩子，這段期間，也請您們盡量配合，只要歹徒敢犯罪，我們就有信心破案。」耀華聞言十分感激，不斷的向王大力和他的同事道謝。

這時，客廳電話鈴聲突然大作，配合王大力的手勢，耀華慢慢的接起電話：

「喂！我是陳耀華，請問您找誰？」電話的那頭，先是沈默了一陣，接著，響起一名中年男子的聲音。

「陳總，你不必問那麼多，聽我講就好。你家小龍在我手上，要想保住這條小命，只要一千萬元就好。你現在先去籌錢，限你兩天內辦妥，我會再跟你聯絡。我知道警察正在你家，不過沒有關係，希望你乖乖合作，否則小龍會怎樣，我也沒有把握。」中年男子一口氣說完後，就掛了電話，耀華還拿著話筒拚命「喂！喂」的喊了半天。

「小杜，有沒有追蹤到發話地點跟電話號碼？」王大力向一旁負責監聽的同事問道。

「報告組長，沒有。這些歹徒相當狡猾，用的應該是王八機；不過，電話中傳來陣陣的雞叫聲，歹徒應該是躲在山區或鄉下。」小杜一五一十的把所掌握的情資向王大力報告。

「好，我知道了。小杜！我看，你就和小張留在這裡，隨時有進一步情況，馬上向我回報。」王大力交代部屬任務後，又再次安慰耀華與淑美夫妻：

「陳先生、陳太太，請您們放心，警方一定會以人質安全為優先考量，但也請您們合作，千萬不要自作主張，否則，不但無法抓到歹徒，甚至會危及小龍的性命。」

「我先回局裡研究案情，另外，我會請女警隊前來支援，保護您們的安全。」王大力向不斷道謝的耀華夫婦說再見後，坐上偵防車離去。

※　※　※　※

翌日下午，陳家客廳電話再度響起：

「陳總！錢準備好了嗎？」歹徒問道。

「先生，很對不起，一千萬這筆數目實在太大了，可不可以再寬限幾天？」耀華戰戰兢兢的回答。

「×你娘！沒你是在騙肖！×你娘！」一連串粗俗不堪的髒話從聽筒脫口而出。「一千萬對你來說，根本就不算什麼，老實告訴你，我們早就把你的情況查得一清二楚，別想跟我們討價還價，否則，我寧可不要錢，不過，你也可以準備替你兒子收屍！」歹徒惡狠狠的說。

「我在道上不是混假的，反正我還背了好幾條案子，多你這件也沒差！×你娘！限你明天晚上八點以前準備好，我會告訴你怎麼樣交錢。」歹徒交代完畢，立即想掛斷電話。

「老大，拜託先別掛電話，我好想小龍，可不可以讓我跟他說句話？」耀華苦苦的向對方哀求，然而，卻是聽見一聲重擊傳來，馬上響起小龍的嚎啕大哭，電話隨即沒了聲響，儘管耀華連忙「喂！喂」了半天，但卻是毫無音訊，一旁的淑美，早已哭得肝腸寸斷，拚命叫著：

「小龍！小龍！我可憐的孩子，你在哪裡啊？媽媽好想你！」

兩天來，警方專案小組雖然動員了龐大的人力物力，可惜歹徒計畫周詳，致偵辦毫無進展。擔心小龍安危的耀華，包括提出銀行的存款，動員了所有的親朋好友人脈借支，籌足了一千萬元贖金。

※　※　※　※　※

第三天晚上，時鐘敲了八下，電話又再響起：

「陳總，錢準備好啊嘸？」

耀華連忙應聲：「有啦！有啦！老大，你們趕快放了小龍，我會把錢給你們的。」

歹徒對耀華下達指令：「你明天凌晨四點整，帶上行動電話開車出門，我會告訴你怎麼做。我知道你家現在一定有警察在監視，我警告你，明天只准你一個人開車，千萬不要耍花樣，否則孩子會怎樣，你自己就看著辦。你干係嘸知樣，上回那個女明星的孩子被我抓走，不乖乖照我的安排，還叫警察來捉我，最後的下場如何？你給我小心一點！」

想到當初媒體大肆報導那個女明星之子的綁架案，歹徒先剁掉被害人的手指頭寄給家屬，沒拿到錢後，竟然一不做二不休的撕票，心狠手辣的作案方式，讓耀華不寒而慄。

「陳先生，你千萬不要上了歹徒的當，如果就這樣給錢，歹徒食髓知味，一定會繼續危害其他人，你只要跟警方配合，相信必定能將這些可惡的壞人一網打盡，為社會除害。」

在陳家保護被害人，並監聽不法集團行動的小杜，在打電話向上級報告前，特別向耀華曉以大義，希望他能合作打擊犯罪，只不過，將孩子性命放在第一位，又被歹徒嚇得不知所措的耀華與淑美，已私下決定先瞞著警方，付錢換回小龍後再說。

※　※　※　※　※

隔天天色未亮，接到歹徒立刻出發的電話指令後，一夜未曾闔眼的耀華，與妻子道別，保證一定會帶著小龍平安回來後，提著裝有鉅款的手提箱，跳上BMW座車準備離去，而帶著大批幹員的王大力，也分乘三部偵防車想在後尾隨。詎料，耀華竟然未等警方行動，即猛踩油門火速離去，王大力等人察覺有異，馬上發動車子企圖跟上，只不過，三輛老福特根本不是BMW的對手，不到五分鐘，耀華就已不見蹤影，讓王大力是頓足捶胸不已。

「陳總！你很講信用。現在先開到公館，停五分鐘後，再轉到木柵動物園，等一下我會再跟你聯絡。」耀華接到歹徒的指示，只有乖乖照做。半小時後，歹徒又打行動電話要耀華開到國父紀念館對面的麥當勞，再從東區轉往位於中山北路的市立美術館。就這樣，耀華根據歹徒要求，在市區內不停的繞了許久，歹徒確定沒有條子跟監後，才約耀華到民權大橋下碰面。

不過，對方仍未現身，而是下令耀華將手提箱放在第二根橋墩，要他回家等候消息，耀華雖然無奈，但因小龍還在對方手上，也只有依令行事。怎知，還沒抵達家門口，行動電話就再度響起，耀華未待對方講話，就著急的問：

「老大，小龍現在怎樣，你不是說拿到錢就會放人嗎？」

「陳總，你很聽話，鈔票我們已經拿到了，你放一百二十個心，你兒子很安全，只不過，我們兄弟認為拿得太少了，以你的行情，必須再加個一千萬元跑路費才行，否則，你別想看到你兒子！」毫不知足的歹徒，再次開口需索。

「老大，為了籌一千萬元，我已經想盡辦法，我真的沒有錢了，拜託你們放過小龍好嗎？」耀華哀求著。

「少囉嗦！趕快去準備，×你娘！你若不配合，小心接到你兒子的手指頭！」歹徒怒氣沖沖的掛斷電話。

BMW緩緩的駛近家門，只見淑美、王大力與一群警察都在引頸等候，辛苦賺來的血汗錢沒了，心肝寶貝還在毫無人性的歹徒手中，忍不住淚流滿面的耀華不禁要問：

「**天哪！我該怎麼辦？**」

楊子敬的話

綁票，為刑法上之「擄人勒贖罪」，是以強暴脅迫的手法，挾持被害人為人質，藏匿在隱密地方，用書函、電話或其他方法，藉殺害人質生命安全為由，威脅恐嚇被害人或其家屬不准報警。有的更是為提高恐嚇效果，剁割人質一節指頭或耳朵函寄家屬，乘其身心受到無上痛苦與折磨，心生恐懼時，予取予求，限期按照其指示方式，交付贖款。家屬則唯恐歹徒將人質撕票，置於死地，不得不設法籌備巨額贖款以便交付，且多不敢報案或與警方配合，無形中助長該類案件之發生。記得民國七十六年間，在台北縣短短一個月內，曾經偵辦過六件的擄人勒贖案，且件件模式不同。

「擄人勒贖罪」的犯罪手法，極為殘暴狠毒，震撼人心，影響社會治安至鉅，為一指標性的刑事案件。因此有些國家的警察，視偵查本類案件結果如何，為該警察局長的去留依據。

我國刑法第三四七、三四八條，對於擄人勒贖罪行，或因而致人於死及重傷，以及故意殺害被害人、強姦被害人者，一律伺以峻法。

該類案件特性為：被害人家屬唯恐親人遭歹徒撕票殺害，多抱持「花錢消災」心理，儘速交付贖款換回人質。因此，偵查時有兩大原則：一為「保密」，一為「迅速」。尤其「保密」，更是被害人家屬及警察，雙方共同遵守的鐵則，因為，歹徒既然有能力擄走你的家人，表示對被害人之家庭狀況很清楚，起碼觀察一段時間，認為時機成熟始下手，而且繼續在監控，掌握你是否報警及處理態度。在上段提過「擄人勒贖」犯行，國家伺以峻法嚇止。歹徒當然不想被警方查獲，因此，計畫甚為周密，被害人及警方的一舉一動，對方也看在眼裡，瞭若指掌。

事實上，多數的「擄人勒贖」案，都是被害人身邊熟悉的人，如親戚、友人、員工（含離職者及其關係人）、子女家教的親人、鄰居、曾經接觸過的人、或財務糾紛、私人恩怨關係人等等有關，當逮捕到嫌犯時，被害人會覺得驚訝，為甚麼會是他？因為，他瞭解你的經濟狀況、社會關係、起居習慣……等，選為犯案的對象，較容易得逞。有的嫌犯，綁了人以後，還留在被害人身邊，一副關心模樣，甚至替被害人出餿主意（當然是對歹徒有利的）。

萬一，遇上「擄人勒贖」怎麼辦？

先談預防。一般人認為任何「安全」都是由「警察」來保障的，其實，這種觀念有待改變。因為警察管的範圍屬於「公共安全」領域，個人身邊的「安全」就只有靠自己來照顧了。

比如說：聽到發布颱風警報，但有些人不管這些，行程早已訂好，不能不照表行事，而且颱風到之前就回家了，再說沒有那麼「衰」吧？有人帶著僥倖的心情出門，突然颱風加快速度，偏偏就遇上了……，引來社會的指責，為甚麼這時候還要去登山？為了搶救耗費國家多少資源？又天氣酷熱，到了海邊，禁不住誘惑，跳下水……，卻換來家人永遠的悲痛！

每個人假使在行動之前，稍加猶豫慎重考慮一下，或許不致造成後悔莫及的憾事，建議凡事以謹慎小心為妙。

在踏出門之前，先看看門口周圍有否異狀，婦幼最好結伴外出。下到地下停車場，進電梯，出電梯門時稍放慢腳步，環視周圍，有否異狀。進電梯，要站在靠近控制板位置，以便必要時立即反應求救。又在電梯單獨與陌生人一起時，最好即刻走出或按即到之樓層離開，改搭另一部。上下車之前後也同樣要小心觀察，不走固定路線。若回家途中發覺被人跟蹤，不宜貿然進入家門，先到附近店家觀察或求救。這些都是歹徒覬覦的場合。加上不該去的地方，絕不去。不該做的事，絕不做。平時養成小心謹慎習性，必可防範、減少意外的發生。有時在遇事故之前，「第六感」也會傳遞給人毛毛的感受，不要嗤之以鼻，認為是神經過敏，有時候是很靈的。

有一部《天堂與地獄》的電影，是由三船敏郎主演，敘述警察偵查擄人勒贖案件的片子，雖然是幾十年前的老片，但我還是拿來當犯罪偵查課的教材。主要的是該片強調「保密」的作為與「敵暗我明」的分明對峙。

案情的重點為：從被害人非常小心的報警，而警察接報後了解其身份為鞋廠老闆，就很快地使用送貨卡車趕到被害人住宅，佯裝卸貨隱密的留下兩個偵查人員，即刻將貨車自然的開走，並故意將向外的落地窗窗簾拉開，透視室內動靜，顯示未報警，因為警察料想歹徒會監視被害人的一舉一動。其實，打了勒贖電話後嫌犯就從自己住的山麓下陋屋，以望遠鏡監視座落在山上，被害人住家周圍的一舉一動。

由於被害人的冷靜、警察的佯裝共構嚴密的「保密」，讓偵查順利地啟動，最後順利偵破。歹徒就是住在附近山腰下的窮實習醫生，因不滿

「富」「貧」差距而犯案。

「保密」的作為，範圍廣泛，難一一論及，主要的是從被害人接獲歹徒勒贖電話即開始。不可慌亂，保持冷靜，不可外揚。迅速報警，並與警察密切配合，有關對策應關室與警密謀，非必要嚴禁輕言，切實保密。在記憶中擄人勒贖案件，只要與警察密切配合，其破獲率相當高，信任專業的警察，警察會保護你的。

另外，家屬中初期雖與警察合作無間，後來或因時日一拖，顧及人質安全，暗中與歹徒妥協，規避警察參與，不但影響偵查，亦助長歹徒有恃無恐僥倖心理，是令警察最為困擾之事。

民國七十七年間，台北縣板橋市江翠派出所後面，有一高姓住户，小孩當時七歲，平時與奶奶睡覺，有一天半夜，奶奶起床上洗手間，回房看不到孩子，整個家找透透，就是找不到。天亮不久，接獲歹徒勒贖電話，才恍然大悟，孩子遭到綁票。這是第一次遇到，偷偷進到家裡擄人的案例，但想不通的是為什麼孩子沒叫？

很快案件偵破，孩子平安回家，問他為什麼不喊叫？回答得非常成熟，他說：平時父母就教他，遇到壞人，絕不要反抗，順從他的話，嘴巴要甜，比爸爸老的叫「伯伯」，年輕的喊「叔叔」或「哥哥」，女生就叫「阿姑」、「阿姨」、「姐姐」，保命第一，警察會救你的。

他繼續說：那天，矇矓中突然被抱起來，覺得怪怪的正想要喊叫，該歹徒噓了一聲，要他不講話，才察覺遇到了爸爸經常告誡的「歹人」。於是認為這時候只有聽從他，「哥哥」長，「哥哥」短的很親熱，也無形中溶化了歹徒的戒心。那麼該嫌犯呢，他原來是準備行竊的，正好遇到小孩單獨在，突萌擄人勒贖之念頭，遂將之抱走，而且決定得逞後撕票，沒想到小朋友嘴巴很甜，讓他想起了家裡的小弟弟，下不了毒手。

至於眾所周知的白曉燕案，案發第三天，我奉命支援該案。到了現場遠遠一看，心裡就涼了半截，那麼多的 SNG 車停在白家前面，哪裡是在偵查「擄人勒贖」案，簡直是「拍電影」，違反「保密」偵查的原則，我向同車的同仁只能說兩個字：「完了！」

不待思考，就是傻瓜也很清楚的看出小燕的結果是如何！雖然我是半途參與偵查，但這正是逮捕陳進興，次晨就引咎辭職的原因。相關報導如山，不再贅述。

回頭人的話

綁票的案件層出不窮，有些時候歹徒甚至於還會和外國的不肖警察合作，欺負自己的同胞。通常是這樣的：嫌犯藉機認識有錢的受害者，並且有意無意的告訴受害者，自己在某國有很多有錢有地位的高官朋友。等一切打點妥當，就和受害者相約到該國去觀光。趁著受害者不注意的時候，將毒品藏在他的房間，那晚，當地的警方人員前來臨檢。可憐的受害者就這樣被當地的警察給抓了，而這個陪他前往出國觀光的好友（真正的嫌犯）也一併被關了。為什麼呢？因為警察說，你們是從同一個國家搭同一班飛機出來的，並且一起登記住進同一家旅館，所以……。

好了，真正的受害者就和嫌犯商量，央求他在當地的高官朋友幫忙，於是乎一連串的假動作就開始進行。嫌犯也會假裝要求受害者一定要順便救救他，可是往往因為金額太大了，受害者無法兼顧。

最後，事情就這樣搞定，受害者付了大筆的保釋金或贖金，安全的回到了自己的國家。等過了一陣子之後，當初的嫌犯也回到了國內，假裝和受害者不期而遇，他還氣憤難平的對受害者發飆：「我想盡辦法拜託我那邊的朋友幫你的忙，可是你卻把我給忘了，害我在那邊被關了好久。」讓被害人吃了大虧，還渾然不知歹徒就在自己的身邊。

第三篇　地下錢莊

※　※　※　※　※

「老闆，長坤營造莊董和南方重機李副總說，明天要來請款，不肯再拖下去了，請您把支票開好。王領班也說最遲這個禮拜五薪水一定要發，否則工人領不到錢，就都不幹了。」伊娃拿著記事簿，一一的向王大年報告。

「另外，水泥、鋼筋、磁磚、砂石的貨款，已經遲了四個月沒給，包商說您再不給，他們就要來工地搬東西充抵，還有那個黃正義，如果我們公司再不付帳，竟然講說要串連大家告你。」聽了伊娃這番話，近來被財務狀況弄得一個頭兩個大，本就心情不佳的王大年，情緒更是跌落到谷底。

「唉，經濟這麼不景氣，預售屋根本沒銷路，這個案子推了一年多，才簽下三戶，資金都壓著，怎麼辦呢？這些廠商和包工，個個都這麼無情，一天到晚來討錢，要我從哪裡生出來！」王大年想著。「銀行已經不肯再貸款給公司，還逼著我快繳利息，能求的親朋好友都找遍了，哪裡還能調得到頭寸呢？」坐在皮椅上，王大年陷入了沈思。

※　※　※　※　※

「伊娃！麻煩你再打個電話給楊經理，問他這一期的利息可不可以稍微展延一下。」不停用手搔弄著頭髮的王大年，要秘書伊娃和長春銀行的楊經理聯絡一下。「是的，老闆。」伊娃恭敬的回答。

「您好，我這裡是大年建設公司，請問楊經理在嗎？」伊娃客氣的詢問。「哦，又是大年建設？」電話那頭沈靜了幾秒鐘，「小姐，很對不起，楊經理不在，等他回來，我會請他跟你們聯絡。」接電話的銀行女職員匆匆講完，立刻將電話掛斷。

「喂！請您等一下，喂！喂！我們老闆想……」伊娃喂了半天，還來不及說完，話筒那頭就只剩下嘟……嘟……嘟……的聲音。

「老闆，還是聯絡不上楊經理，我已經連續打了三天的電話，可是銀行的人不是推說他在開會，要不就是說他外出洽公，我看他可能是故意不接我們公司的電話。」伊娃抱怨的說。

大年搔著頭髮的雙手，動作更大、更快了些，而且頭低低的垂著，幾乎快碰到了辦公桌面。「好吧！你不肯接我電話，那我就直接到銀行找你，總會碰到吧。」大年突然猛地抬起頭，決定親自到銀行找楊經理。

「妳好，我是大年建設王大年，麻煩一下，我有事找楊經理。」王大年匆匆進入銀行，客氣的請銀行女職員通報。「哦，請你等一下，我去告訴我們經理。」女職員敲開經理室的門，才幾秒鐘就出來了。「王先生，不好意思，我們經理現在不方便見你，是不是可以請你過幾天再來？」女職員下達了逐客令，不過，為了找錢而心急如焚的王大年，看出楊經理根本是故意避著他，上前把門推開，女職員還來不及攔阻，王大年已一腳踏進經理室。

「楊經理，你為什麼不肯見我，拜託你，聽我講講好嗎？」王大年入內後劈頭就問。「算了，妳趕快出去，記得把門帶上。」面有慍色的楊經理，看王大年已到眼前，沒辦法再躲了，瞪了一下尾隨進入的女職員後，也只好招呼王大年坐下。

王大年正要開口，楊經理就已先一步發難：「王老闆，我知道你要說什麼，真的很抱歉，之前的利息，你每次都展延，讓我很不好向總行交代，你是知道的，總行稽核來查帳後，已經好幾回責備我不該讓你貸得那麼多，稽核說你的抵押品價值，根本不能貸那麼高的成數，說如果出了問題，不僅要處分我，甚至可能得捲鋪蓋走路，因此，請你站在我的立場想想，我實在沒辦法再幫你了。」

「楊經理，拜託你行行好，我已經被逼得走投無路了，我這次又不是要再借錢，只是想請你在權限內通融，利息再寬限我幾天好嗎？」王大年苦苦哀求。但是楊經理似乎是吃了秤砣鐵了心，始終不肯點頭，急得王大年直跳腳也沒用。

「王老闆，我勸你趕快去想想別的辦法，利息的事再不解決，我不敢保證總行會不會逼我追回貸款，如果到時候你沒法還錢，總行一定會循法律途徑，查封你公司和你名下的所有動產、不動產，你自己要好自為之。」楊經理繼續用半勸告、半脅迫的方式，向王大年催繳利息。對於楊經理表現出的現實，甚至準備雨天收傘的行為，王大年是既怨且怒，但又毫無辦法，像隻鬥敗了的公雞，低著頭默默的走出銀行。

※　※　※　※　※

王大年漫無目的的在街上行走，腦海裡滿是公司目前窘迫的財務狀況。「唉，難道就這麼玩完了嗎？奮鬥了這些年，從無到有，好不容易創立了這家建設公司，沒想到會面臨今天這種結果，該怎麼做才能渡過難關呢？」

王大年走到一處大樓外，看見外牆上貼了一幅歡迎大額借貸、資金週轉的大型廣告，廣告上並說只要質押身分證，即可免擔保品、免保證人借到錢，王大年雖然知道這是地下錢莊的誘人手法，不過，在此刻已經告貸無門的窘況下，走投無路的他，也只有硬起頭皮，按圖索驥的找到這家地下錢莊。

「你好，我姓王，這是我的名片。」王大年推開還算氣派的錢莊辦公室後，向坐在沙發椅上的一名中年男子打招呼。

中年男子交換名片後，仔細的端詳了一下，「哎呀！真是失敬，原來是大年公司的王老闆，王老闆，我有眼不識泰山，還請你多多原諒。」中年男子一面諂媚的說著，一面忙著叫小弟替王大年奉茶。

王大年看了看對方名片頭銜說：「吳董，無事不登三寶殿，我想借點錢週轉週轉，請你務必幫這個忙。」中年男子連忙回答：「王老闆，你這是哪的話，你的公司那麼大，市場上有誰不知，肯光顧我這裡，算是看得起我，要借多少，你儘管開口就是了。」王大年見對方十分爽快，也就不再客氣，表明要借五百萬元，言明一個月後會連本帶利償還。

「沒問題！有你王老闆一句話，五百萬是小事一樁，那就請你簽下這份借據，兩個小時後，錢就會匯進你公司的帳戶，不過你是知道的，我得先扣掉百分之八的手續費哦。」王大年看看借據內容，利率比銀行高了將近五倍不止，何況扣掉手續費，實際上只有四百六十萬元，相當划不來，但是為解決眼前的情況，也只好心一橫，走一步算一步了。

及時雨雖暫時解決了燃眉之急，不過才一個多禮拜，王大年又不得不再次來到錢莊，因為，上次那筆錢結清積欠已久的包商貨款和工地工人薪水後所剩無幾，要維持建設公司營運，繼續工程的起造，得有更多的資金才行，何況屋漏偏逢連夜雨，上一批蓋好也賣出去的房子，結構上出了問題，住戶不滿之下，已委請律師準備打求償官司，讓王大年是一個頭兩個大。

二度借錢，吳董雖然依舊笑容滿面，但從說話的語氣看來，卻讓人有點不是滋味。「王老闆，最近調查局對地下金融抓得緊，就連警察也不時來插花，我們這行是愈來愈不好做了，你上次借的錢還沒還清，這次又要借一千萬，出了問題，我們要找誰討？」吳董口頭未鬆。「王老闆，要借錢當然可以，不過我先聲明，這次的手續費和利率都要調高，若覺得不划算，那你可以另外想辦法。」儘管光是手續費，就要先扣掉百分之十五，只能實拿八百五十萬元，且利率更是高得驚人，被錢逼瘋了的王大年，見對方終於肯點頭，未曾考慮即一口答應，再度簽下借據。

※　※　※　※　※

然而，經濟風暴實在太厲害，跌落谷底許久的房地產不僅毫無起色，且有不少建築業、營造業紛紛不支倒地，就連一些頗具規模的大公司，也都是苟延殘喘、以拖待變，市場上一片哀嚎。為了保全以減少損失，銀行對王大年採取了法律行動，除了唯一的住家，王大年名下的動產、不動產全遭查封，銀行警告王大年如不還清貸款與利息，將會拍賣這些物品。

雖然銀行的催討行動，有些不近人情，但至少還是依法行事，而放高利貸的地下錢莊，討債手段可就沒那麼「溫柔」了。第一次，吳董親自出馬，帶著兩份借據到大年建設公司，吳董見到王大年，劈頭就問：「王老闆，該還錢了吧？你有你的困難，但我也同樣不好過，我身邊的這些小兄弟，個個都要吃飯，沒錢我怎麼養他們？你要是再不還錢，他們可是會造反的，會發生什麼事，不是我能控制的哦！」吳董不客氣的表明來意。

「吳董，求求你再寬限我幾天好嗎？一籌到錢，我馬上還你。」王大年拚命陪著笑臉。

「好吧，看在你的面子上，我明天再來，不過我警告你，你的底細我很清楚，千萬別想耍花樣，否則，我不敢擔保你的爸媽老婆孩子會不會出問題。」吳董丟下兩張借據後，看也不看一旁鞠躬哈腰的王大年一眼，隨即揚長而去。

「什麼！我前後借了一千五百萬，扣掉一百九十萬的手續費，等於只拿到一千三百一十萬，才一個多月，怎麼會變成借了將近兩千萬？」看了借據後，王大年大驚失色，立刻打電話到地下錢莊。「吳董，這也太離譜了吧，我哪有借到兩千萬這麼多？」王大年急急的問。「王老闆，你是在裝蒜是嗎？借據上寫得很清楚，連本帶利就是這個數字，我再告訴你，超過約定還錢的時間後，利率會再加倍計算，你不要再囉裡囉嗦，趕快給我想辦法還錢，要不然走著瞧！」吳董撂下一句狠話後，乓的一聲，就把電話給掛了。

山窮水盡的王大年，不僅無法償還本金，連家人生活都已捉襟見肘的他，就連利息也籌不出，可是吳董這邊卻是毫不手軟，不僅派小弟三番兩次的帶著刀槍、汽油上門討債，恐嚇王大年再不還錢，就要剁掉他的手腳、請他吃子彈、放火燒他家，還在王宅附近四處張貼王大年欠錢不還的海報，讓王大年及其家人成天被鄰人投以鄙視的眼光，羞愧的抬不起頭來。

吳董唆使手下搬光王家轎車、電氣用品、古玩字畫、家具等值錢物品，猶不甘心，還數度將王大年挾持到山區輪番毆打，施以各種酷刑，讓王大年痛得生不如死。吳董甚至還威脅要把王大年宰了，埋屍在荒郊野地，將他的妻子、女兒賣到私娼寮，用皮肉錢來抵債，惡行惡狀令王大年心驚膽寒。

「好漢做事好漢當，錢是我借的，還不起應該找我，怎麼可以把帳算到無辜的老婆孩子身上？真是太可惡了！」因自己經商的運氣不佳，以及一時糊塗向地下錢莊借高利貸，連累了妻子兒女，王大年自怨自艾、悔恨不已。「沒讓她們母子四人過幾天好日子，我已經覺得很愧疚，如今，竟然還跟著我一起吃苦受罪，甚至被壞人欺負，我怎麼對得起她們？吳董說後天一定要做個了斷，看來已是在劫難逃，萬一他真的做出人神共憤之事，傷害了我的親人，我……」欲哭無淚的王大年望著天空，不禁要問：

「老天爺！我該怎麼辦？」

楊子敬的話

友人的國中孩子因差一塊錢上不了捷運，家裡也沒人在，只好從士林走路回板橋，也有曾經因一塊錢鬧人命的案件，可見，有時「錢」會逼死人。古人訓誡「儉約致富」、「節衣縮食」、「知慳識儉」、「雪中送炭」等，都是為了防範未然，以備不時之需，避免狗急跳牆。

但自多年前，在大家胼手胝足促進經濟起飛，創造空前繁榮，造成窮奢極侈，早將古人遺訓拋置腦後。數年來經濟泡沫化，換來景氣不振，市場型態改變，其中受影響最嚴重者為房地產。房地產原為代表一個人的財富地位，今天卻成為累贅，為貸款買的房地產付不出利息，是誰想得到的？

過去常常聽到「借錢賺錢，不會借銀行的錢賺錢，叫做傻瓜」。可是現在並不為賺錢而為應急，銀行卻無法貸款，叫人怎麼不找方便又樂意借錢的「地下錢莊」？「地下錢莊」在不景氣中一枝獨秀，越不景氣越猖狂。在「王大年」的處境之下，明知不可為，但究竟有幾個人拒絕得了地下錢莊呢？

除了地下錢莊，還有當鋪業、現金卡等金融應急手段，這些行業在目前社會如何運作？又發生甚麼樣的問題，先加探討。

目前社會上的經濟活動，或許因為民眾個人理財不善，或許企業經營風險掌握不慎，或臨時遭遇變故因素，使得一般民眾不得已需要臨時借貸，而一般人跟銀行金融機構的互動並不十分順暢，根據經濟社會需求與供給的不變法則，地下錢莊、當鋪業者及新興的現金卡等自然應運而生。可悲的是，缺錢的人找上地下錢莊之後，絕大多數的結果是走投無路，再度面臨地下錢莊業者高利貸的催討，產生嚴重社會問題。

一般說來當鋪業者與現金卡的問題並不大，因為當鋪業，典當人必須備有金飾、手錶、汽機車等動產作為典當物品，而當鋪業應依法取得申請當鋪業執照，依照當鋪管理規則並依當地縣市政府之利率（約九點四七五）辦理典當，典當人就可取得所需借貸，如果沒有另外衍生詐欺、贓物或侵占等問題，了不起是流當被拍賣，也是理所當然。

近來，由於銀行金融業者競爭激烈，各項金融商品講求迅速、效率及保密，於是現金卡因應而生。惟一般銀行業者推出的商品，都經過詳細規劃，且有社會公平機制監督，最壞的打算是持卡人信用破產造成其個人傷害，不能歸責於現金卡業者。

而地下錢莊就是目前在這類經濟活動的毒瘤，因為是完全不合法的「行業」，又故意方便借貸予人而後不當搾取，地下錢莊可說只要找到人，「統統借給你」，該不法行為是刑法第三百四十四、三百四十五條之重利罪。它有「乘他人急迫、輕率或無經驗」、「代以金錢或其他物品」、「取得與原本顯不相當之重利」的構成要件。

目前各大報廣告版都有一、二頁的廣告篇幅，大肆招攬不特定人借款。而所訂的利率也不盡相同，通常所謂的高利貸有借新台幣一萬元，一天利息就要二百元，十天為一期以複利計算，假如十天未還，利滾利之下，一個月的利息就高達七十六分。換一句話說，借一萬元，一個月連本帶利大概要還一萬七千六百元。但借貸的人需錢孔急，並不會仔細盤算，到時自然還不出錢，便發生糾紛，衍生傷害、恐嚇、妨害自由、擄人勒贖、甚至命案等等治安事故。據説，因借貸人無法償還，地下錢莊還為了討債，替借貸人分向多家保險公司投保巨額保險金後，帶到山上或國外，砍傷佯裝意外事故，詐取保險金以抵債的狠毒手段。

這裡提供一份參考資料，要貸款之前先做個比較。

信用貸款比較表

借貸對象	類別	擔保品	利率	額度	還款金額		還款期限
銀行（例：土銀）	信貸	保人	3.95%	10萬	本＋利（月）	1,307	最長7年
銀行（例：土銀）	現金卡	無	18.25%	10萬	本＋利＋手續費（天）	3,000	至卡終止
地下錢莊	信貸	保人或不動產	76分利	10萬	本＋利（月）	176,000	30天
地下錢莊	票貼	票	15-30%	10萬	本＋利（月）	3,833	30天
＊地下錢莊	信貸	保人或不動產	857分利	10萬	本＋利（日）	128,567	1天

＊（此為最近刑事警察局破獲地下錢莊利率）

如何防範？很簡單，只有一途——就是不借，絕對拒絕向「地下錢莊借貸」！

千萬不可被錢逼緊，昏了頭，在求一時之濟，為解決「燃眉之急」，「有就好」之衝動下，造成日後更嚴重之惡果。

萬一被坑了，怎麼辦？就要懸崖勒馬，壯士斷腕，要「阿莎力」，能處分的財物，賣的賣，抵的抵，不要捨不得，「留得青山在，不怕沒柴燒」，不及時償清便越陷越深。假使實在是無法償清，只有趕緊報警，依法處理，甚至，向法院申請破產也可以，否則討債、暴力就來了。警察單位近來鑑於不法經濟活動猖獗，設置偵辦有關經濟案件之專責單位，為民眾服務。

有人認為地下錢莊在組織性之活動下，所造成的問題除非社會停止經濟活動，否則不太可能消失。因為其依附在社會經濟不變的供需法則上，除非是社會福利政策配合刑事政策，始能徹底改變供需法則，否則只能由警察治安機關，加強掃蕩不法地下錢莊業者，僅能遏止，只是治標，非治本之道。

我認為今日，最缺錢的是中小企業，而中小企業正是台灣經濟的命脈，為搶救中小企業，政府應即刻成立「中小企業搶救部」，在合理原則內放款濟急，或提供必要諮商與協助。當這些中小企業營利時，政府拚命徵稅，現在中小企業陷於困境，伸手濟急，「雪中送炭」該是應盡之責吧？

日本作法可供參考，一些有志的律師，組織「極難債務清理協助會」義務解決。幾年前，日本發生「豐田商社」騙取一批老人年金七千億日圓的轟動案件，因政府冷淡，憐憫無助老人的一群律師出面，循法律途徑解決並一一追回被詐取的錢。

今天，日本地下錢莊在暴力集團支撐之下，也造成許多夜間偷偷搬家，流浪、暴力、殺人、自殺……等嚴重社會問題。有另一群熱心的律師做效而起，專為這些地下錢莊受害者伸出援手。他們的信念為：再怎麼樣，這社會還是有講得通的「道理」存在，只要有耐心，沒有不能解決的事！

回頭人的話

目前，信用卡非常普遍，也因為金融業者的互相競爭，於是帶動銀行大力爭取年輕客户申辦信用卡。但是年輕的一代，往往只會花錢，只會消費，並不知道「刷爆」的後遺症將會是如何，於是很多的家長為此煩惱不已。家境差一點的，實在是無力代繳，家境好一點的，那麼就替孩子們繳一下吧！但是往往是有了第一次，就有第二次、第三次，怎麼辦呢？哪來那麼多的閒錢為孩子們收拾善後呢！

實在是不想為此而阻礙了孩子的成長，但是卻又一天到晚接到這樣子的電話：「你家的小孩，欠某某銀行的錢還沒有繳清，我是討債公司，是該銀行委託我們來催債的……。」如此的電話，您接過嗎？您又是如何應付呢？

有關債權的移轉是可以由第三者向你要錢，但是需要有文件的證明，若只是口頭講講，無法提出，你可以不理他，因為債權人是銀行，而不是討債公司，你只有跟銀行有關係。

目前這種情形實在是太普遍了，因為有些銀行為了處理「不良債權」，遇到難題乾脆就委請「討債公司」處理，而討債公司的處理手段當然就不同了。有個律師這麼說：「不要怕！既然銀行可以辦個信用卡給你孩子，那麼就表示你的孩子已經是成年了，他必須為自己的行為負責，做為父母的你們，可以不必為孩子收拾善後。你可以打電話給該銀行，有沒有書面委任狀可看？如銀行無法提示，清清楚楚的告訴他們，為什麼他們可以洩漏客户的秘密給外人呢？你可以告這家銀行！」

但，這不是絕對的，還是因個案而不同，僅供參考。

第四篇 金光黨

※ ※ ※ ※ ※

「媽！我跟小芬上班去了，你自個兒在家，無聊的話，可以看看電視或到公園散步，錄放影機我也已經幫你調好了，只要按遥控器就OK。還有，出去要記得帶鑰匙，把門鎖好，最近這一帶常常鬧小偷，自己要注意點。」阿龍向才從鄉下老家北上的阿母一一叮嚀著。

「好啦，我知樣啦，都不是三歲囝仔，嘜擱囉嗦，緊去上班，遲到可是要被扣錢的呢。下班了緊轉來，我會煮好吃的給你們補一補。」

阿采應聲後，催促著兒子和已大腹便便的媳婦出門。

「唉！租的這間厝這麼擠，擱講要接我來住，等小芬把我的寶貝金孫生下來，厝不是要擠爆了。」阿采環顧著兒子所住的這間二房一廳的國宅，不禁唉聲嘆氣。

「唉！老伴留給我的棺材本，加上這幾十年我自己辛苦存的，攏總只有一百多萬元，就算把鄉下那二分地賣了，也多不了多少，台北市房價高得嚇死人，想要幫忙阿龍買一間厝，真的比登天還難。唉！除非有中六合彩這種橫財命，否則不知哪年哪月，阿龍他們才能擁有屬於自己的厝。別想那麼多了，趕快做家事吧！」對於複雜的房事問題，阿采也沒法度，趕緊拿起抹布、掃帚打掃房間、客廳。

雖然已逾花甲之年，但畢竟是做田出身，粗活做慣了，拚掃這種工作，對阿采來說根本是小事一樁，才半個小時不到，整個家就已經是清潔溜溜、一塵不染。

「好啊，我來休息一下，看看電視好了。」阿采坐在客廳的沙發椅上，拿起遙控器打開電視。

「這電視台怎麼愈來愈差，不播楊麗花、葉青的歌仔戲，也就罷了，連連續劇也都是日本、韓國的，根本看攏嘸，綜藝節目又沒有豬哥亮的好看，盡是一些打扮得妖裡妖氣的年輕男女，看著就不順眼、嘸對味。」阿采無聊的撥弄著遙控器，選來選去沒有一個自己喜歡的節目，乾脆將電視關了。

「算了，電視沒好看，錄影帶又沒意思，我來去外面走走，順便到市場買隻土雞回來燉枸杞，給阿龍全家補一補好了。」想到做到，阿采拎著皮包就出門了。

※　※　※　※　※

阿采先到兒子住家附近的小公園逛了一圈，就準備轉到菜市場去買雞，當她經過公車站牌時，突然有人叫她：「歐巴桑！歐巴桑，請妳等一下。」阿采轉過頭來，發現是一名陌生的中年婦女在叫她。「你有什麼代誌？」阿采回答。

「歐巴桑，我跟妳講，我身邊的這個小姐，是一個有錢人，就是頭腦有點阿達阿達，妳看她拿的包袱，裡面全部都是現金，錢多得嚇死人，我剛才在路上碰到她，她跟我說，只要帶她去舞廳跳舞，她就要把錢全部給我。」中年婦女指著一旁狀似痴呆的年輕女孩，小聲的附在阿采的耳邊說。

「雖然只要帶她去跳舞，我就可以發一筆大財，但是，我是吃齋唸佛的人，如果做壞事，佛祖怪罪下來，可是要下十八層地獄的，因此，我已經拒絕。」中年婦女義正辭嚴的表示。「不過，看她這麼笨的樣子，我怕她被其他人騙，錢全部被拿光光，我不忍心，才以做善事的心情，陪在她的旁邊，以免壞人有機可乘。」中年婦女這些話，讓同是佛教徒，一向心軟的阿采相當認同，再看看那名傻裡傻氣的年輕女子，阿采的同情心油然而生，根本不知對方是看她外表老實可欺，才設局企圖詐財。

中年婦女見阿采已落入圈套，立即又打蛇隨棍上的說：「歐巴桑，既然這個女人的錢那麼好騙，與其讓其他人拿走，倒不如我們兩個人合作，先下手為強，把這個女人的錢先騙到手後，兩個人二一添作五，對分好嗎？」

年輕女子見阿采猶有遲疑，故意將包袱打開，露出裡面一疊疊厚厚的千元大鈔，還故意問阿采：「歐巴桑！拜託妳帶我去跳舞好嗎？只要妳帶我去跳舞，我的錢全部給妳！」看見那一堆估計至少有四、五百萬元的千元大鈔，阿采的同情心已被貪念所取代，心想如果錢到手後，即使與中年婦女平分，至少可以分到兩百多萬元，加上自己郵局的存款，再將田地拿去借貸，應該就足夠在市郊買一間三房兩廳的中古公寓了。

「只要能解決兒子房事問題，讓阿龍一家三口脫離無殼蝸牛族，也有空間讓我和他們住在一起，還管他什麼善有善報、惡有惡報！我不管了，發財最重要，我平常勤於燒香拜拜，佛祖應該會饒過我才對。」已經是財迷心竅的阿采，為了掩飾心中的罪惡感，不斷的為自己找理由開脫。

※　※　※　※　※

豁出去的阿采，與中年婦女一搭一唱的哄著年輕女子，表示願意帶她去跳舞，中年婦女並攔下一輛停在路邊的計程車，要阿采坐在前座，自己則與年輕女子坐在後座，在附近不停的兜圈子。誰知道，年輕女子上車後，卻一改先前說法，認為中年婦女與阿采不安好心，要中年婦女和阿采也拿錢出來，好讓她安心，否則就不去跳舞，更不會把錢給中年婦女與阿采、令人奇怪的是，計程車司機竟然在一旁替年輕女子幫腔，還說如果是他，一定會趕快拿錢出來，計程車司機並慫恿兩人，表示反正拿錢出來還可以拿回去，不會有什麼損失。

中年婦女見狀，向阿采表示自己家住得很遠，出門時未帶太多現金，而要阿采先出錢，滿足年輕女子所提條件，中年婦女並大方的說，只要阿采配合，她願意將騙到手的錢，分三分之二給阿采，除了中年婦女，年輕女子與計程車司機，也跟著遊說阿采，讓阿采是心動不已，答應了對方的要求。不過，阿采把皮包內的一萬多元，以及身上戴的金鍊、金戒、手鐲一併交給年輕女子後，年輕女子直嚷著太少了，接著，又再從包袱內拿出一疊千元大鈔，在阿采眼前晃了晃，表示除非阿采能拿多一點錢，自己才會跟大家去跳舞，也才會將包袱內的大鈔全部給中年婦女與阿采。

※　※　※　※　※

心中只掛念著包袱內鈔票的阿采，竟然迷迷糊糊的回到兒子住處，走進屋內拿了存摺、印章，再度上了計程車，隨三人一同到郵局領錢。

「小姐，麻煩妳，我要把錢全部領出來。」阿采告訴櫃檯女職員。

「歐巴桑，妳真的要把這一百多萬元全部領走？」女職員問道。

「是啦，是啦，妳趕快把錢準備好就是了。」阿采催促著女職員。由於提領者是本人，印章、密碼也都無誤，因此，女職員雖然覺得有點可疑，也只好將錢交給阿采。

三人一回到車上，年輕女子就迫不及待的說：「歐巴桑，為了保險起見，依我看，我們兩個人的錢全部放在一起好了，妳說如何？」抱著剛從郵局領出來的畢生積蓄，阿采稍為遲疑了一下，中年婦女與計程車司機見狀，立刻對阿采說：「歐巴桑，妳放一百二十個心啦，我們替妳作證，妳的錢和她的全部放在一起，絕對不會出問題，妳要是擔心，那裝錢的包袱由妳保管，這樣應該可以了？」

阿采目不轉睛，看著對方將錢全部放進包袱內，再交給自己保管，心想應該不會有問題了。阿采將包袱放在大腿上，一點也不為其沈重所苦，兩手更緊緊的壓著，似乎生怕這幾百萬元會插翅而飛，而她的腦海中，已在不停的編織她和兒子一家三口住在自己房子，和樂融融的甜蜜模樣了。

※　※　※　※

計程車在附近繞了繞後，回到三人原來碰面的公車站牌，年輕女子突然意興闌珊的說：「算了，我不想跳舞了，我要回家了。」而中年婦女也表示：「那這樣吧，歐巴桑，我看妳先回去，我就搭這部計程車送她回家。」阿采見狀，趕忙附在中年婦女耳邊小聲的說：「可是我們還沒分錢呢？」中年婦女回答：「沒有關係，我相信妳，錢先給你保管，等我送她回家後，我再來找妳分好了。」中年婦女說完後，讓阿采先下了車，計程車即揚長而去。

老實的阿采，在家等了好久好久，擔心中年婦女找不到自己，連去市場買雞這件事，都耽擱了下來，怎知大半天過去，就是不見中年婦女的蹤影，阿采再也按捺不住，將包袱打開準備清點戰利品，怎知，包袱內竟然只有厚厚一大疊的報紙，再加上幾包花生糖和一塊磚塊，錢全都不翼而飛，讓阿采嚇得跌坐在沙發上，差點沒有當場暈倒！

「怎麼會這樣？錢跑到哪裡去？怎麼會這樣？」猶如發了瘋般的阿采喃喃自語，想到畢生積蓄全部泡湯，讓兒子擁有自己房子的美夢化為烏有，老淚縱橫的阿采，不禁要問：

「天公伯啊！我是嗲按怎甲好？」

楊子敬的話

阿采所遇到的詐騙集團，算是傳統最常見的詐騙方法。過去問過被害人，為甚麼那麼容易的上當？大多數的回答是被對方「放符咒」或「放迷魂藥」，肩膀一拍或聞到對方吐氣，就不能自主，任其擺佈。其實並不然，假使這樣的「符咒」、「放迷魂藥」真的存在，我們早就可「放符咒」，反攻大陸了。我認為應該是被害人上當後，礙於面子的辯詞。不然為甚麼一通電話也可騙上幾千萬元？「符咒」總不能以電話放送吧！有一位相當高學歷的被害人就說過：騙徒並沒拍我的肩膀或吐氣，它們一唱一搭非常自然，事後檢討，騙徒應該是利用人的行善心、宗教信仰、助弱俠氣、同情心、熱心、炫耀心、趕時間、「雞婆」、貪心……等人性弱點（特性？），讓被害人自然的任他擺佈，不得不接受指示而受騙。

公司的清潔人員吳美潔，有一天上午九時三十分左右，突然接獲先生來電，告知國稅局張科長來電通知：「請妳告訴我金融機構帳號，國稅局要在今天退稅九萬元，匯入妳的帳户」。李先生不疑有他，且聽說有這麼多的退稅款，馬上將太太的所有存款帳號告訴對方。

過了將近半小時，美潔接獲詐騙集團電話，請她到提款機看看餘額是不是有增加？美潔即刻前往大樓樓下世華銀行提款機按詐騙集團指示，查詢存款餘額，但餘額並未收入該退稅款九萬元。詐騙者又打手機告知她操作錯誤，請其按照對方電話告訴的步驟辦理轉帳。美潔就依照其指示操作，就這樣，幾年來辛苦工作的所得就歸詐騙集團所有了！

美潔發現存款餘額只剩千餘元後，知道上了當，即前往竹圍派出所報案，承辦的警察說最近類似的案件很多，甚至連××大學教授都被騙了，這筆錢追回來幾乎不可能。美潔、失款後，傷心難過，工作也提不起勁！正好，遇到我到公司，要我幫忙。我了解一下，警察說得一點也不錯，詐騙集團使用的電話、E-mail 等很難追蹤到，要費很多人力、時間，甚至也要國際的協助，因為有些電話，轉接到國外、大陸、金門，所以不容易破案。

類似的案例很多，無法枚舉。有一位同事接到有自稱××幫的關係人物電話說：我知道你得罪了該幫份子，不用怕，只要你拿出幾萬元，包個紅包，我跟老大是兄弟，可以替你打點解決。最後加上像是恐嚇性的一句：我偷偷告訴你，他們知道你住在××路××巷××號四樓，可要小心！後加的一句話讓同事嚇壞了，問我怎麼辦？我了解他根本與外界沒有任何糾葛後，告訴他：進出門小心點，暫時不理，也不必報警，靜觀其變，下一次電話來了再說。這是「撒網」、「亂槍打鳥」模式，帶點恐嚇味的詐財，歹徒抱著有最好，不給也應該的態度行詐，所以非被鎖定之「特定對象」，安心工作吧！

更絕的是，有一天，某企業家說秘書接到自稱王××是台中檢察官的電話，說對你老闆的行蹤已監控了一段時間，手中的資料對你老闆非常不利，請他回來給我電話，並留下09……電話。問我怎麼辦？因他絕無不可告人之隱私，而且雖然的確有這位王先生，但絕對不可能做這種行為。我認為有損官箴，事態嚴重，明明是騙局，便回答他：「報警」。他為慎重起見，要法律顧問先與該「王」先生通話看看如何，要規勸他。但所談的只是籠統不具體，也不提到錢，可能他感受到來者非好惹的，曖昧其詞。

果然，報案時警方告訴我這是第三件，還有部長級的呢。後來再也沒有來電，大哥大用户也是冒名的。幾天後，警方告訴我，發話地點為廈門，用户也停機，線索中斷。

行騙的花樣很多：恭喜中獎、退稅、月入十萬、介紹打工、優遇兼差、××黃牛、騙婚、圓明星夢、假買賣、詐賭、假情報、假……。

為什麼會有這麼多人上當？為什麼涉及這麼廣階層？為什麼這麼容易？為什麼這麼多騙子？為什麼這麼多手法？很簡單，騙徒看中你的「弱點」，人有太多太多的弱點，名、利、貪、愛、無知、迷信、過份信任、虧心事……七情六慾等。讓騙徒有機可乘，對準你的需要撒網，願者當然輕易上鉤。加上罪輕、電信科技發達，不容易破案，求助無門、自認倒楣，甚至不願相信被騙或不甘損失，積極要撈回，越陷越慘等原因，亦助長不法之徒猖獗。

還有值得一提的有人懷疑，雖然警察聲嘶力竭告誡，媒體不斷報導提醒，依然無法遏阻？連警察、官員、學者都輕易上當？難道這些高知識份子也「無知」、「寡聞」？有人說得好：「君子可欺之以方」，上當的不一定「貪」，而是騙徒手法高明，巧立名目，合情合理，讓人失之戒心。因此，「戒心」很重要，只要不失去戒心，必可防範。

如何防範？首先牢記，天下絕無「白吃的午餐」、「不勞而獲」的「好康」，「任何事都要付出代價」，有些拚命一輩子，仍然一無所獲的。接著要有「高度警覺」、「是否份內應得」之辨別，就個案分析應否可能？

例如：當接到有九萬元的退稅款，應考慮我的年收入是否能有那麼多「退稅款」？政府何時變得那麼「便民」，服務那麼「貼心」？存款「帳號」、「密碼」可否任意告知他人？是否問過對方單位、姓名、電話？相信經過分析後，你得到是：只有不可能、不可能、絕對不可能的答案！好了，該退的稅款政府是絕對不會收回去的，慎重起見不妨接著向稅捐單位查證，或請教別人，就有正確的答案了。

最近詐騙集團詐騙手法不斷翻新，如信函、手機通知中了大獎，請先繳稅款，退稅款……等，但只要保持高度警覺，相信就不會有任何損失！

尤其是面對不熟悉的提款機，更要注意。金融機構提款機操作程序，都由面板顯示，操作錯誤必須重新選擇，除非提款機旁有服務電話詢問，否則不可任意聽他人指示操作提款機（尤其是轉帳）。因為騙徒利用被害人不熟悉提款機的操作，無意中將存款「匯出」，假使能在提款機設置安全裝置，在匯款之前發出「是否匯款」警告，或可提醒被害人警覺，因而減少受害機會。

「沒遇到，並不表示不會遇到」，隨時保持警覺，不要很快做出讓自己後悔的抉擇；科技進步，詐騙集團的詐騙手法也不斷翻新，絶不能有「這種倒楣的事不會發生在我身上」的僥倖心態。

又，「社會治安，人人有責」，每一個人都能夠貢獻自己的力量，為這個可愛的社會盡一份力量。如果您是個有心的讀者，或者是您了解這方面騙術或陷阱，竭誠歡迎您寫信告訴我們您所知道的一切，例如迷魂煙是什麼樣的成份，如何可以破解呢？雖然說「道高一尺，魔高一丈」，但是只要我們有心，並且努力去改善的話，相信這個社會的治安，一定是有救的，不會繼續沉淪下去。

回頭人的話

昨天，一位朋友洪××很氣憤的，打電話找我，說是被騙了。於是敘述他的經過，是這樣的：

下午，經過熙來攘往的館前路上，腦筋在想下午的行程如何安排，不知道是自己不小心或是對方故意撞上來（回想應該是對方來撞的），將對方正在通話的最新型「手機」不小心撞落在地上。洪××就向對方致歉，對方也很客氣，將手機撿上來，檢查一下，發現不通，於是自言自語說：「糟糕，這手機剛買，只付了一千塊訂金，……」。

洪××當然不好意思不表示意見，就不得不說：「我負責。」對方更是客氣：「那怎麼好意思？大概檢查一下就好了吧！沒有甚麼了不起的。那好，坐我的車子，到松山的手機店，讓老闆看看。」於是一同坐上了停在路邊的車，到松山一家通訊行。

在途中，對方依然語氣極為客氣，問洪××從事甚麼職業？有沒有遇到道上兄弟找麻煩？說他的朋友前幾天為了小事，被黑道兄弟挨揍還要敲幾十萬，幸好他與××幫老大熟，出面講情以二十萬解決……云云，軟中帶恐嚇，讓洪聽了覺得來者非善，一直想趕快脫身為妙，他索取名片也藉故未給。

好不容易到了松山。通訊行老闆，檢查了一下，說摔壞了，不能修理，對方假裝要老闆想辦法修，否則一萬多塊才買的手機要……，也不說下去。而一心想趕快脫身的洪，心想認了，口袋正好有一萬多，向老闆表示願意照價賠償，問了價錢，匆匆付了一萬三千五百塊就走。

一出門，想到既然付了錢，該手機應該歸他所有，壞的也應該要拿，就回頭向老闆要，老闆說，對方帶走了。那人哪？也不見了。其實，對方躲在裡面，就是不敢露面。

唉！這世界怎麼變成這樣？這明明是半威脅性的詐騙呀，說不定通訊行老闆，也是共犯。我建議洪××趕緊報案，洪××卻說：萬把塊「了錢消災」。我心想，那你跟我講甚麼？我盤算一下：

一個人一萬，假使一天，碰到十個「走路不小心」者，一乘十等於十，哇！十萬元。一天賺十萬，真是一本十萬利！那有這麼「好康」的？

想了一下，這是新的讓你很難避免的新「詐騙」術，還是得轉告大家，於是發了Mail給朋友：謹記，重新學「走路」，尤其在人群熙來攘往的街道上，「看到拿手機通話中的，要閃一邊」，祝福你，走路平安！

這時候你要怎麼辦？記對方「人」的特徵及車號、廠牌、顏色、型號等，而且不要上他的車！

第五篇 香港皇家賽馬會

※ ※ ※ ※ ※

鈴……鈴……，床頭的鬧鐘響了。仍沈醉在中樂透大獎發財夢中的李開源，突然被驚醒，伸手拿起鬧鐘一看，短針指著五點半，原還想再躺一下，賴個床，但是，廚房已傳來煎蛋餅的香味，李開源心想：「嗯，是該起床了。」掀開薄薄的太空被，身穿睡衣的李開源，拖著仍未完全清醒的步伐，走到廚房門邊。

「老婆大人，我要吃兩張！另外，順便幫我沖杯咖啡，我先去刷牙囉。」李開源吩咐正在做早餐的妻子育芬後，進入浴室匆匆梳洗一番，拎了鑰匙，下樓去拿報紙。

李開源打開信箱，裡面除了乙份報紙，還塞了好幾張廣告DM，李開源一併帶回家，當他進門後，賢慧的妻子早已將熱騰騰的早餐，放在餐桌上，飢腸轆轆的李開源，見美食當前，二話不說就拿起筷子，將煎得微微焦黃的蛋餅夾起，沾了些辣醬油送進口中，美妙的滋味，立刻在口腔及喉嚨內散發開來。「嗯！真的太好吃了。育芬，我看你的手藝，絕對不輸給外面早餐店的專業師傅，我真的太幸福了。」李開源直誇著老婆。

「好了啦，你別再灌迷湯了啦，嚐了十幾年我做的飯菜，你沒有喊吃膩、嫌棄，我就已經很感謝了。不跟你囉嗦了，我去看小淳起床沒，等一下，我上班還得順便送他上學呢。」育芬邊說邊走進兒子房間。

盤中的兩張蛋餅，沒幾分鐘就已經被李開源一掃而空，心滿意足的摸摸肚子，李開源攤開報紙，掏出皮夾內的一疊樂透彩簽單，一面啜飲著香噴噴的咖啡，一面根據報上公布的號碼對獎，可惜對了老半天，全部都摃龜。

「他媽的！這一千元又做公益了，怎麼會這麼難中？唉，我每期都買，到現在一百多期，少說也花了十多萬元，卻連個四獎也沒中過，最多就是對中三星，兩百元的獎金，根本不夠回本，運氣實在太背了。」身為忠實樂透迷，但總是將鈔票奉送給國庫的李開源，對於自己的手氣不佳，恨得牙癢癢的。

「唉，我明明好幾次夢見中了大獎，為什麼每回都摃龜？就連買刮刮樂，也從未刮中過，唉，幸運之神為何老不眷顧呢？」李開源自言自語一番後，氣得將簽單與報紙丟在一旁，翻起廣告DM來瞧。

※ ※ ※ ※

李開源翻了翻大部分是房地產廣告的這些DM，發現其中有乙封外觀精美，信封上署名香港賽馬會的郵件，李開源十分好奇，拆開一看，裡面有幾頁說明，還附了一張刮刮樂，賭性堅強的李開源，還沒仔細看說明，就迫不及待的拿起乙枚硬幣，將刮刮樂上的薄膜刮除，上面的阿拉伯數字逐漸浮現，竟然中了二獎，獎金高達五百萬元。

李開源不敢置信的用手揉了揉眼睛，「哇！」的輕呼一聲，運氣怎麼會這麼好？儘管中獎的事實擺在眼前，不過，李開源並未因此被沖昏頭，想到前一陣子，有同事接到手機簡訊，對方指稱同事中了一千萬元，要同事透過金融卡轉帳領錢，結果，同事反被對方以須先扣稅為由，詐了一百五十萬元的情事，李開源神智稍微恢復，拿起說明準備瞧個清楚。

「先生，您好。我們是香港皇家賽馬會，是專門經營賽馬、賽狗及六合彩的合法機構。皇家賽馬會的收益，除了分成上繳港府、給付中獎人，部分盈餘則捐贈慈善事業。隨信附上的刮刮樂，是皇家賽馬會為慶祝成立五十週年特別製作，免費贈送給民眾試手氣，如果您中了獎，請立即與我們聯絡，我們會儘快將獎金送到您的手上。敬祝財星高照！」

李開源看了說明內容是半信半疑，心想天下哪有這麼好康的事情，不過，說明上還附有好幾名官員、律師及得獎人的公開見證，實在又不像是虛構。

「如果對方存心詐詐，應該是讓我刮中第一特獎或頭獎才對，這樣一來，得獎人才會被巨額獎金吸引，可是我現在刮的是二獎，又不是第一特獎或頭獎，應該不是假的吧？」自行研判分析的李開源，逐漸有些心動。

「管他的！反正我先打電話問問看，再決定如何處理好了，如果是騙人的，頂多損失幾塊錢電話費罷了。」李開源思考半天，最後決定聯絡看看再說。

※　※　※　※　※

「喂，你好，請問是香港皇家賽馬會嗎？」電話撥通後，李開源開口詢問。「這裡是香港皇家賽馬會，先生，您好。」話筒那頭，是一名帶著廣東腔調的年輕女子聲音。「小姐，我今天在信箱裡看到你們寄來的信，那張刮刮樂，我刮中二獎，真的可以領到錢嗎？」李開源問道。

「當然囉，我們是港府立案的合法公司，您絕對可以領到錢。對了，要恭喜您中了二獎，有五百萬元獎金呢！請問先生怎麼稱呼？」對方立即應道。

「我姓李，名叫開源。」李開源回答。「李先生，真的要恭喜您，您實在太幸運了，我們公司這次推出的刮刮樂，二獎雖然有十個，但規定只有前三名與我們聯絡者，才可以領取獎金，您剛好是最後一個符合資格的呢！」這名小姐不斷的跟李開源道賀。

「可是，我根本沒有花錢買你們的彩券，你們怎麼會那麼大方，讓人免費刮大獎呢？」對於這份天上掉下來的禮物，仍有些懷疑的李開源，繼續追問對。

「李先生，您有所不知，香港皇家賽馬會開業這麼多年來，賺了不少錢，我們這次活動的目的，主要是想回饋社會。請您放心，您中的五百萬元，扣掉必要的手續費、稅捐，還有部分捐作慈善公益用途的費用後，我們會儘快交到您的手上。」對方見李開源略有遲疑，耐心的解釋著。

「李先生，麻煩您填好刮刮樂後面的中獎人相關資料，寄回給我們，等核對無誤後，我們會馬上把錢匯給您，謝謝您，並再一次恭喜您，祝您愉快。」對方未待李開源再度發問，連聲道喜後就將電話掛掉。

李開源講完電話，妻子與兒子已穿好了衣服準備出門。「老公，你在跟誰講電話啊？看你滿面春風，是不是交了小老婆？你可給我安份點，要不然，小心我跟你沒完沒了！」育芬半開玩半認真的說。

「老婆大人，你就別再損我了，咱們結婚這麼多年，我會不會偷腥，你應該最清楚才是，我只是跟朋友聯絡聯絡而已，你可別起疑心哦。」李開源向育芬解說，但卻隱瞞了香港皇家賽馬會這檔事。

「好啦，我相信你就是了。我跟兒子要出門了，你自己也快點吧，萬一路上塞車，上班可會遲到的，騎摩托車小心一點，拜拜！」育芬道聲再見，小淳也向李開源揮揮手，母子倆一起離去。

李開源一看牆上的掛鐘，已經七點四十五分了，趕緊拎起公事包，將住處門窗鎖好，跨上鐵馬上班去也。

※　※　※　※　※

一個星期後，香港皇家賽馬會有了回音。「李先生嗎？您好，再次恭喜您，我們已經核對過您的資料，完全正確，您刮中二獎五百萬元，依照香港當局的稅制規定，得扣除百分之十，即五十萬元，另外，您必須負擔手續費與慈善捐各十萬元，因此，您實際獲得的彩金是四百三十萬元。」聲音還是上回那位小姐。

「那我要怎麼領錢呢？」連日來，沈醉在得獎喜悅中的李開源，眼看美夢就要實現，迫不及待的問道。

「您的資料上不是有銀行帳户嗎？我們會依照銀行帳户號碼，把錢匯到您的户頭中，您很快就可以領到了。不過李先生，我必須先跟您說明，有關手續費與慈善捐部分，雖然是從您所得到的獎金中扣除，但港府財政廳還要三天才會撥款，因此，這二十萬元得您自己先墊，等到獎金撥發下來，我們公司再補給您。」對方說道。

「小姐，我連你們公司長甚麼樣子都不知道，怎麼放心先墊錢呢？」由於對方要求先墊付二十萬元，讓李開源又開始起疑。

「李先生，這二十萬元並非全是我們公司收取的費用，除了手續費，另外五萬元是要捐給慈善機構的，您可以放心，我保證港府財政廳撥款後，一定會以最快速度匯給您的。」對方展開三寸不爛之舌，向李開源遊說。

「李先生，您別忘了，您中的可是四百三十萬元哪，二十萬元對您來說，算得了什麼？我得提醒您，依照我們公司的規定，如果您在接到這通電話三天內，沒有把該墊的款項寄來，則我們有權取消您的中獎資格，將名額讓給下一位幸運者，那就太可惜了。」對方用半拐半騙的語氣，假意的警告李開源。

想想就要升上國中，即將開始繳交大筆課業補習費的兒子；從結婚那天起，就不斷有意無意的提醒他，手上還少乙枚鑽戒的妻子；還有自己胯下那輛擁有悠久歷史，三不五時故障的老爺摩托車；以及全家人常常希望換個大一點點蝸牛殼的願望，原還有些個兒猶豫不決的李開源，為了達成大家的心願，咬一咬牙，從銀行提領了二十萬元，匯到香港皇家賽馬會户頭。

※　※　※　※　※

「李先生，謝謝您，二十萬元已經收到了，有關手續費與慈善捐的部分，都全部處理妥當了。」隔了三天，那位小姐終於又來電了。

「小姐，我的獎金到底撥下來沒有？」由於獎金一文都沒看到，自己還先墊了二十萬元，對此有點擔心的李開源，三天來簡直是度日如年，好不容易等到對方電話，馬上追問獎金下落。

「李先生，這點我很抱歉，在您上次匯款後的當天，港府財政廳就已將您的四百三十萬元獎金全都撥到我們公司了，我們原想立即匯給您，但是，當天我們還沒有收到您匯的錢，因此，就先擱了下來。」小姐回答。

「那你們什麼時候把錢匯來呢？」李開源有些不高興的說。

「李先生，您先別生氣。告訴您一個好消息，我們公司的理財專家，因為怕您著急，擔心您遭受損失，因此，未徵得您的同意，他們就擅自作主，把四百三十萬元分別投資在炒作股票、債券，以及簽賽狗、賽馬上，結果您運氣不錯，經過理財專家的運用，您的四百三十萬元已經翻了一翻，如今已高達八百六十萬元了。」對方見李開源情緒有些激動，立即展開安撫動作。

「李先生，這八百六十萬元，再過一個禮拜結清出場後，就全都是您的了，我真的羨慕死您了，隨隨便便就有這麼多進帳，依我看，如果您再轉投資，搞不好不用半年，您就成了億萬富翁，到時候可拉風了，開名車、住洋房，甚至可以討個小老婆，真是太棒了。」這位小姐頻頻向李開源灌迷湯。

「好吧，那我就等你們的好消息了，拜託你們趕快把錢匯來，我都快急瘋了。」李開源無奈的說。

「對了，李先生，香港政府的規定，您應該已經很清楚了，您的八百六十萬元，還是得扣掉手續費與慈善捐，同樣的，您要拿到這些錢，還是得先墊款才行，這次的金額是四十萬元，麻煩您還是寄到上回告訴您的户頭，我們會補給您的。」對方見被灌飽迷湯的李開源氣消了大半，立刻打蛇隨棍上，要李開源比照上次模式，先代墊手續費與慈善捐。

李開源扳著指頭算了算，想想那些花花綠綠的鈔票，心一横，又從自己銀行帳户提出四十萬元匯給對方。

※　※　※　※　※

前後兩次，李開源已匯出六十萬元，但自己卻連一毛錢獎金都没摸著，李開源雖然心急，但卻也莫可奈何。

在仍存一絲希望下，那位小姐又不停的與李開源聯絡，每回都是説獎金經轉投資後，已陸續突破千萬元、三千萬元甚至逼近五千萬元大關，一輩子都不可能賺到那麼多鈔票的李開源，就在對方的利誘下，一次次的將銀行存款提領匯出，才三個月不到，原本辛辛苦苦存了兩百多萬元的帳户內，竟然只剩下區區二千多元，李開源卻仍執迷不悟。直到有一天，育芬察覺丈夫神色有些不對，追問之下，才曉得香港皇家賽馬會這件事，可惜，存摺上的七位數存款，已成了可憐的四位數，更糟糕的是，李開源竟然還偷偷瞞著妻小，將房子所有權狀拿去抵押貸款，貸得的三百萬元，也全進了香港皇家賽馬會的口袋。

育芬為此和李開源大吵一架後，怒氣沖沖的表示要離婚，隨即收拾行李，帶著小淳搬回娘家，留下李開源獨自面對空蕩蕩的住處。

經此打擊，發財夢碎的李開源，真箇是欲哭無淚，頻頻抬頭仰望上蒼：

「**我該怎麼辦？**」

楊子敬的話

本案例與前述「金光黨」篇的情節是異工同曲，詐財為目的，手法改變而已。小李的狀況跟我的經驗，極為相似。因為早期的愛國獎券也好，現在的甚麼樂透也好，我很少買過，因為從來没有中獎過，連摸彩也只得過普獎，隨時代潮流，在至友慫恿下玩過說是絕對會飆漲幾倍的股票，也賠得不敢吭聲。因此從人生的體驗，自認是欠「財」命，尤其是橫財更是無緣。認清了你的命也就能看開一切，除了撐場面增加娛樂性買幾張樂透供摸彩外，就是為了公益才偶爾買，但先向兜售人講清楚，刮中了悉數送給他。但不知道是他沒福氣或我拖累了他，怎麼刮，就是沒刮中。

「富貴在天」，在出生那一瞬間，一個人的命運就有了「定論」，不必等到蓋棺，一切都是天生註定的，我早就這麼認定，所以「盡人事，聽天命」是我的座右銘，絕不奢想意外之財。但很奇怪的是像我這麼看得開的人也會迷糊！

手中有一封信。署名「暉雅國際股份有限公司」，地址為「高雄市苓雅區四維三路二號九樓」。接獲信函覺得很陌生，但打開一看是香港「碧儷絲」女性精品集團內衣廣告，及一幅強烈吸引力的圖文：

「秋涼吉時送大獎，對對刮，吉時送，免抽獎，立即中」，特獎一名，Lexus SC430 一部，價值新台幣三百六十八萬。頭獎五名，各得 KIA SORENTO SUV 一部……到普獎，洋洋灑灑。免費專線 0800-88862x（註：目前為另一公司）。更具公信力的是帶律師半身照的「群律法律事務所」

啟事：

本所受香港碧儷絲集團委託，代理該公司在台灣地區所涉法律事務，依法監督本次炎夏刮刮樂贈獎活動，如有疑問，歡迎來電07-3138430。

這還會有問題嗎？不過，從來無交易關係的公司，為什麼憑空送獎？懷疑歸懷疑，反正也中不了獎，刮了再說。哪知道，中了哪！而且中了夢想的SUV！那時的感受正如某電視廣告「我中獎了！中獎了！」大吼的畫面一樣，真的好開心，說不上話來，從來沒有感覺過的！

可是又起了疑心，我未付出任何代價，也與對方不認識，會憑空送獎？天下有這麼傻的商人？再核對收信者，沒錯，確實是寄給我的啊。我先打了0800-88862x，接話的小姐一直道賀，要我趕快填上資料，寄回以便兌換。至於為什麼要送獎，也答得很貼切，說明公司賺錢，為擴大廣告並回饋社會，舉辦本次活動，一再叮嚀共襄盛舉，不要讓公司失望！我說可否親自到公司辦手續，她也表示歡迎。再慎重計打出07-3138430，我單刀直入請問是否騙局？他反而嚴詞以對，如何，如何……不可汙衊，不知好歹等，讓我覺得冤枉好人。

可是「不勞而獲」真是難以接受，再慎重其事，打了電話到高雄市警察局找老同事查一下「四維三路二號九樓」真的有這一家公司？他未加思索的回答：那是「長仔」的辦公室，要找市長嗎？

於是再打同樣的電話興師問罪，得到的是曖昧的回答，對方大概沒有遇過像我這麼嘮叨的被害人吧！過幾天再打，已經是空號。據瞭解如此的電話，有些由國外轉接，有些是金門轉的，而且看苗頭不對馬上就停，申請人當然是冒名者，無從查起。我當時真的很想問對方，知不知道楊子敬是刑警出身？

小李，前前後後被坑了三百多萬，一筆大數目，難怪太太會不高興。如何收拾殘局？先看看近來各報醒目標題「騙術一再翻新，員警也上當」、「詐騙集團威逼，警員舉槍自殺」，「刮刮樂被騙財？員警舉槍自殺」，又「貪小失大，貴婦、警官上鉤。偽稱中獎退費，騙走五百及二十一萬」……。為什麼專業的警察也會上當？連警察也無法倖免，一般民眾還用說嗎！

某報說得好：當前的騙術層出不窮，僅憑媒體一再呼籲，不足以使全體國人免於被騙。這點，從被害人分佈各階層，從知識份子、高級公務員到教授學者都被騙，就可見問題之嚴重。所謂「君子可欺之以方」，被騙的人未必有貪念而是騙徒巧立名目，合情合理，使人疏於防備險惡，以致被騙徒所趁而釀成悲劇。政府不可再坐視其橫流四竄，應該成立跨部會組織，結合財政、金融部門力量，協助員警防堵。

建議小李，現在最要緊的是趕緊挽回家庭的和諧，重整家園，讓太太平靜幾天，賠不是，安撫怒火。之後記得向警察報案，雖然追回錢財機會不高，但仍有緝嫌的機率，不可不報。然後清理債務，有能力就向銀行借貸，無法借貸則說明窘境，請求對方分期或折扣還錢，儘速償還債務。切不可找地下錢莊，再踏入第二步錯誤！據我所知，商界也好，私人借貸、搭會、甚至賭債，無力償債時可請相當人士出面斡旋，分期或打折償還，債權人總認為有比沒有好，能拿回多少就算多少之考慮下，在一定範圍內樂意接受。

但是，絕不能找道上人物，找錯人也會招徠困擾。

李太太也應體認目前之環境，給小李一個反省的機會，所謂「家和萬事興」。

有人好奇，為甚麼這些「詐騙集團」知道被害人的正確通信地址、電話？其實連網址也被惡用。這些資訊很簡單，其來源很多。所謂的名人，人人知曉，不用贅言，無名之士則取之於同學錄、同業、結訓、退伍等通訊錄、公開的選舉人名冊、各學校學生名冊、補習班學生名冊、電話簿、自己留的名片等，加上我國對「個人」資訊保密未重視，機關、團體、公會、私人組織等等，私自將相關名冊「有意」、「無意」外洩的情形非常普遍，何恐無來源？

曾經看過國外報導，原來報廢的「電腦」使用者應該要自行將電腦的「硬碟」一一打碎後，始可交給回收業者的。但由於打碎「硬碟」的工作很吃力且無法徹底，就一併暗中交由回收業者處理，造成一大漏洞。譬如說：某醫院的廢棄電腦的「硬碟」藥商買過去後，裝在自己電腦，可以從病歷表產生一份行銷計畫，何人有何長期病，藥商就可以推銷。這算是「善用」，假使騙徒拿到了，怎麼辦？就是前面所敘述的騙局手段。

所以，在國外有應各行各業需要提供必要的名冊牟利的新行業，至於台灣，是否有？就不知道了。建議有關單位不宜任意提供管理的「名册」，共同堵住行騙管道，減少損害。

在此建議，各公司為了保護自己「商業機密」及客户隱私，對「硬碟」的處理也要慎重，據了解，信用卡之偽造也以類似手法進行。

回頭人的話

騙術，不但花樣多，也很多運用之妙，不僅用在騙財，也會用在騙「名」，當然最後目的仍舊是為財。

友人的孩子考上了不錯的高中，有一天經過同學媽媽開設的補習班，卻意外發現自己的名字被該補習班「借用」了，大大方方的貼在門口，雖然她向對方抗議，但是無效。孩子很是傷心，心想，為什麼大人會是如此呢？大人不是都告訴我們要誠實待人嗎？孩子一直引以為傲的就是，她從來就沒有參加過任何一家補習班，如今卻被同學的媽媽……。

又，當今經濟泡沫化的時代，手頭不方便的人實在是很多，不肖業者便趁此機會大撈一筆。他們在報章雜誌上刊登著：「你要借錢嗎？手續簡便，絕對可以增貸！」當需要者上門來時，業者就會要求對方說出房子的住址，並打電話去問銀行，一次次的來回詢問當中，對方總是說該銀行先要收取手續費或其他的一些費用，等到騙錢騙了差不多的時候，一句：「銀行說你不符合他們貸款的標準！」就此說拜拜了。如果你想要抗議的話，便再補上一句：「你再囉嗦，我就找黑道來修理你！」

另外，還有一種類似犧牲打的騙局。一開始的時候，業者如是說：「一人兩千，新加坡玩兩天。」或者是：「六人報名，第七人免費。」等等的好康行程活動。當然了，第一次一定是如期出團，甚至於第二期、第三期都是很準時出國，這種好康的活動，一定獲得大家免費的宣傳，等到人數累積得差不多了，錢也收到了不少，這家旅行社突然關門大吉。報上最後一期的人可就欲哭無淚、催討無門了。不但金錢損失，可能連護照都被對方拿去利用，甚至出售了。

好可怕！

第六篇 牛郎

※ ※ ※ ※ ※

「他媽的！怎麼這麼熱啊！一點風都沒有。」午後，和煦的陽光化為惡毒的紫外線，狠狠的灼烤著來來往往的行人與車輛，座落在盆地的這個大都會，原本就散熱不易，再加上四處高樓林立，各家冷氣開個不停，整個城市就彷彿乙座大火爐，讓人熱得受不了，直想往北極或南極跑。騎著摩托車的小鄭，揮汗如雨的穿梭在大街小巷中，熱得實在凍未條，將車停在騎樓邊，鬆鬆綁了一上午的領帶，點了一支煙，訐譙著老天爺。

「唉，別人都在冷氣房裡享受，只有我，大熱天還得穿西裝、打領帶，四處奔波，為什麼就找不到輕鬆一點的工作？」小鄭不停的碎碎唸。

「雖然唸得不是什麼名校，好歹我也是專科畢業，沒想到退伍以後，找來找去，不是跑業務，就是推銷員，工作這麼辛苦，薪水卻沒幾個，這樣下去，要到幾歲才能成家立業呢？」

「他媽的！為什麼我的爸媽不是大富翁，每天茶來伸手、飯來張口，一切都有人伺候，要不，還可以開著跑車追馬子，到PUB跳跳舞，何必那麼累！像那個王立行，人長醜不說，還又矮又胖，但全身上下都是名牌，每天開積架上下課，難怪那些校園美女會趨之若鶩，爭相投懷送抱。」想著從前班上有錢人家的同學，小鄭不禁打心裡艷羨起來，只不過，從未交過女朋友的小鄭，在批評王立行的外表時，只會怪那些校園美女沒眼光，根本沒想過自己實在也不怎麼樣！

「算了！想再多也沒用，快要放學了，趕快到光復國小門口，看看能不能多推銷幾本書才是，今天就要做月報表了，沒達到預定目標，不僅得挨主任刮，業績獎金恐怕也要泡湯了。」休息一陣，小鄭重新發動摩托車，猛踩油門朝光復國小而去。

※　※　※　※　※

「哇拷！主任也太狠了吧！只差兩個訂户，業績獎金竟然一毛都沒有，他媽的！簡直是吃人不吐骨頭嘛！兩萬塊不到的底薪，要交房租、交水電費、電話費，還要吃飯、加油，根本所剩無幾，想存點錢都不可能。」窩在租來頂樓加蓋違章建築內的小鄭，邊說邊將放在床頭櫃內的郵局存摺拿出來。

「唉！退伍都快五年了，竟然才存了五十幾萬元，真不曉得得等到哪天才能買間房子？更別提什麼時候娶某生子了。現在這個工作不但辛苦，錢又少，實在沒什麼好留戀的，可是現在景氣這麼差，還能找到什麼樣的職業呢？唉！」小鄭不斷的唉聲嘆氣。「熱死了！這個房東真小氣，我又不是沒付水電費，連台冷氣都捨不得裝，要不是看在房租不高，還有電話可以聯絡，否則，老子才不租你這間破厝呢？」屋內的老電風扇，呼嚕嚕的吹著，但卻無力逼走燠熱的暑氣，小鄭隨手翻起從公司帶回來的報紙，細細的看著分類廣告，看看有沒有什麼發財機會。

「誠徵伴遊。男役畢，三十歲以下，五官端正、身體健全；公司福利健全，工作輕鬆，保證月入二十萬元以上，無經驗可；無誠勿試，請電2777-7777或0977-777777。」一則條件頗為誘人的人事廣告，映入小鄭的眼簾。

「哇拷！天底下甘有這麼好康的代誌？這豈非大家夢寐以求的錢多事少離家近！」看了廣告內容，小鄭眼睛為之一亮，不過，「伴遊」這兩個頗為曖昧的字眼，卻也隨即讓他猶豫萬分。

「伴遊的意思，不就是牛郎嗎？陪女人吃飯、喝酒、聊天或是上床，還有白花花的銀子進帳，有吃擱有拿，當然是求之不得，可是，要是人家知道我在當吃軟飯的小白臉，那有多丟人啊！」小鄭遲疑著。

「唉，管他那麼多，賺錢卡要緊，面子算什麼。反正現在靠身體賺錢的男男女女那麼多，也不差我一個，何況，人家公司會不會用我，還得先試試呢。」下定決心後，小鄭撥了對方的電話號碼，約定翌日面談。

※　※　※　※　※

「鄭先生，你請坐。」第二天，小鄭依照約定的時間，來到位於林森北路的這間公司，敲敲門後，一名留著長髮、綁馬尾，穿著相當體面的中年人，連忙起身開門將小鄭延入，並拿了一張印著××酒店公關經理頭銜的名片給他。

小鄭禮貌性的點點頭，但還來不及說話，對方就已先一步開口。「鄭先生，你的體格很不錯哦，應該常常運動哦？看你的身高，沒有一百八，也有一七五吧？」一連串灌迷湯的詢問，讓小鄭忘了自己的平庸，陶陶然中點頭不已。

「陳經理，您過獎了，我只是長得馬馬虎虎啦。」小鄭雖然十分享受對方的恭維，但還是及時謙虛起來。

「鄭先生，拜託別叫我陳經理，叫我安東尼。幹我們這行，都得取個名字，如此才響亮、好記。」陳經理要小鄭改口。

「對不起，安東尼。請問，我是不是要考些什麼呢？」已稍稍恢復神智的小鄭，有禮的向對方問道。

「鄭先生，考試只是形式而已，我們公司向來愛才，像你這樣相貌堂堂、談吐不俗的人，哪還用得著考試，歡迎你加入都來不及呢！請你答應做我們公司的夥伴吧。」安東尼再度施展灌迷湯的招數。

小鄭根本沒有想到，這麼順利就獲得錄取，高興之餘，連忙向安東尼詢問工作的性質。

「鄭先生！不！我看就叫你湯米吧。湯米！廣告不是寫得很清楚嗎？你的工作，就是好好伺候女客人，陪她們四處遊玩，她們想要飲酒作樂，甚至上床，你都得隨侍在側。不過你放心，我們公司的女客户，不是大老闆的情婦，就是富家千金，有時候還有女明星來光顧，個個都長得很漂亮，而且給鈔票都毫不吝嗇，像我，一個月至少收入五十萬元，有時候碰到阿莎力的客人，只要讓她爽，真的是要什麼給什麼，你看我手上戴的滿天星、鑽戒，還有公司外面停的 BMW，都是我的客户賞的。另外，我們公司對伴遊的每筆收入，都只抽二成，其餘都歸伴遊所有，這可是其他公司都不可能做到的哦！」小鄭被對方唬得一楞一楞，完全忘了天下没有白吃的午餐的道理。

「湯米，我看就這樣吧，可以的話，請你明天就來上班，我再告訴你必須注意的細節，你看如何？」安東尼催促小鄭。

「好吧，我明天一定準時來，那我先告辭了。」滿腦子都是美女與鈔票的小鄭，興高采烈的和陳經理告別，踏著輕快的腳步出門，準備迎向美好的明天。

不過，他卻没注意到，陳經理看著他離去的背影時，彷彿瞧見一隻笨魚再度上鉤，嘴角露出的一股邪笑。

※　※　※　※　※

「早啊！安東尼。」在家刻意打扮一番，換上自己最好的一套西裝，並在頭上抹了浪子膏的小鄭，果然分秒不差的準時上班。「你早！」陳經理回答後，盯著小鄭上下的瞧著，讓小鄭有些不自在。

「安東尼，有什麼不對嗎？」小鄭緊張的詢問，生怕這樁錢多事少離家近的工作生變。「湯米！不是我說你，所謂做一行像一行，你這個模樣，恐怕沒有幾個女人會喜歡。你的外表、體格雖然不賴，但人要衣裝、佛要金裝，如果你好好裝扮一番，客户才會看中你，也才有鈔票進帳，你說對不對？」陳經理看似好心的提醒小鄭。

「安東尼，那是當然的，謝謝你告訴我，那我該怎麼做呢？」小鄭感激的回問對方。

「我看這樣好了，你先拿十萬塊給我，我請人幫你做造型設計，你千萬別擔心，這些錢就算是投資，只要有女客户相中你，到時候，不用一星期就回收了。」

「哦，對了！你的證件要先借我，公司要幫你辦服務證、保險。」

對小鄭來說，十萬元確實不是一筆小數目，但想到這是為了未來賺大錢的小投資，小鄭一咬牙，答應了陳經理的要求，第二天，從郵局提了十萬元交給對方，而陳經理也找了人來幫他量身材，並帶他去修剪了時髦的髮型。

一個禮拜後，小鄭終於拿到了全套的西服、鞋襪，只不過，衣褲雖然合身，卻非什麼名牌。對於小鄭的詢問，陳經理是以專任設計師收費比較高，除非小鄭肯再花十萬元多做兩套，否則就沒有名牌衣物可穿。

而等候衣褲的這段時間，陳經理又以必須先上美姿美儀課程，甚至教導說話、心理學等，又跟小鄭再收了十萬元，可是，小鄭卻從未接到或看到任何一個女客人。

※　※　※　※　※

沒有收入卻是坐吃山空，眼看存款一下少了二十萬元，卻沒有分文進帳，小鄭不免有些心慌。第二個禮拜，小鄭終於憋不住了，頻頻追問陳經理，到底何時才能展開牛郎生涯。

「哦，湯米，我忘了告訴你嗎？明天晚上，有一個張太太要我們公司派人去陪她，我已經安排你去了，我還沒告訴你嗎？」察覺小鄭的不快，陳經理立即換上一副笑臉，反過頭來問小鄭。

聽到終於有客人上門，有望拿到牛郎生涯的第一筆收入，小鄭一顆忐忑不安的心，總算是平靜了下來。

「湯米，張太太是我們公司的大客戶，你千萬要小心伺候，可別得罪人哦。」聽著陳經理的交代，小鄭點著頭，心裡則已想著，一定要好好服侍張太太，讓她 happy 得要死，乖乖的掏出鈔票來。

翌日晚間，打扮整齊、穿戴妥當，還特別噴了古龍水的小鄭，來到事先約定一間頗為豪華的西餐廳，根據陳經理交代的客人衣著等特徵，一進門，就瞧見了已經坐在位子上，啜飲著馬丁尼的張太太。

「唉，長得不怎麼樣嘛，好像還有點肥呢。」小鄭暗自嘀嘀咕咕。

「你叫湯米是不是？快坐下來吧，我等得好餓哦！」一直四處張望著別桌正在進餐的客人的食物，口水似乎要不由自主流下的張太太，催促小鄭點菜。

「張太太，妳別急，我這就叫服務生來。」小鄭帥氣的扭了一下手指，發出清脆的響聲，侍者見狀，馬上夾著菜單前來。

「我要一客海陸大餐，明蝦改成波士頓龍蝦，還有，沙朗牛排也要改成菲力，還有，我還要加一客法式焗田螺、一客海鮮濃湯。」

聽見張太太點菜內容，小鄭原先還以為自己是否聽錯了，但是，看看已是中年婦女的張太太微微發福的身材，只是搖了搖頭。

「湯米，你怎麼不點？快些點菜，等吃飽了，我們再商量要幹什麼餘興節目。哦，對了，麻煩你，我想喝點酒，就點一瓶波爾多吧。」

小鄭看了看菜單，發覺這家餐廳還真不便宜，但是，心想這些開銷應該是由張太太付，因此，也就毫不客氣的點了一客丁骨牛排。

席間，小鄭殷勤的為張太太服務，儘管覺得有些彆扭，但看在錢的份上，小鄭仍然勉強自己，硬著頭皮遞菜、倒酒，酒足飯飽後，張太太在未用手掩飾下，打了個大大的嗝，其他桌客人紛紛側目，讓小鄭十分難為情，恨不得地上有個洞，馬上跳下去藏起來。

買單時，張太太打開皮包後，突然一聲驚呼：

「唉啊！我的金卡怎麼忘了帶出來？糟糕，身上又沒帶現金，怎麼結帳呢？湯米啊，我看這樣好了，這頓飯了不起只有兩萬多元，你就先付吧，等今天晚上我們分手後，我再一起算給你，你放心，我會加倍還你的。還有，今天你陪我的價碼，已經說好是八萬元，安東尼有跟你講吧？」

小鄭雖然百般不願，但看在第一筆豐厚收入即將落袋的情況下，也只好答應了。

怎知，小鄭結清帳單後，兩人才步出餐廳，張太太卻突然翻臉，表示小鄭的外表並不合她的意，要他們公司另外換一名伴遊來，小鄭一下慌了手腳，立刻撥電話給安東尼，告知上述情況。

「沒關係，湯米，那你先回來好了，我再派人過去，你放心，剛才你付的費用，我會請派去的人向張太太結清，再還給你的。另外，張太太雖然退貨，但好歹你也陪她吃了個晚餐，我會再分個一、二萬塊做為補償的。」

心中雖然不甘，但又無技可施的小鄭，只得答應。

※　※　※　※

翌日，小鄭一大早就趕到公司，準備拿回自己代墊的餐費，詎料，敲了半天的門，都無人應答，心中感到十分奇怪，但又不知如何是好，正要掉頭離去時，一名歐吉桑突然前來，將手上的紅紙張貼在公司門上，小鄭仔細一看，差點沒有昏倒，原來，紙上竟然寫著「吉屋招租」四個大字。小鄭連忙詢問歐吉桑原因，歐吉桑生氣的表示，這間公司已經漏夜搬家了，而且，還欠了他兩個月的房租沒付，小鄭聽了兩腿一軟，曉得自己著了別人的道，險些沒有當場氣昏。

無精打采回到租住處，小鄭為自己的牛郎夢後悔不已，只想關上大門，好好的先睡上一覺再說，但是，才剛躺下幾秒鐘，就聽見郵差按電鈴的聲音，小鄭拿著印章下樓，接過郵差交付的一疊信件，發現竟然全都是信用卡帳單，原來，陳經理在面試時，偽稱要小鄭交證件辦理公司服務證、保險，暗中用他的名義辦了一堆信用卡，再四處盜刷牟利。

拿著總額高達近百萬元的信用卡帳單，小鄭的手微微的發抖，頭腦則是一片空白，僅剩的存款根本不夠支付這些帳單，還有前後交給陳經理的二十萬元、與張太太吃飯的兩萬多元，不禁抬頭仰望：

「天哪！我該怎麼辦？」

楊子敬的話

小鄭的遭遇，像是不可思議，也許有人感覺小鄭腦袋是否有問題，這麼容易上當？這也是「人性的弱點」作祟而引起，也是受到目前社會風氣濡染的不幸。

我們年輕時，經濟蕭條，求事不易，找工作的原則為「只要有就行」，不問工作性質、待遇多少，也就是騎驢找馬，先求餬口再說。過了幾年，經濟起飛，國富民裕，生活環境改善，品味提升講究，休閒活動日盛，服務行業興起，享受奢侈，財富累積結果「台灣錢淹腳目」，客倌小費賞金出手大方。在笑貧不笑娼，唯錢至上的拜金思想，加上家庭結構轉變，少子化、寶貝化後，造成六年級生代，對工作態度之轉變。

昔日以「勤勞」為美德，選女婿的第一條件為「有骨力無？」，要體壯、力大、不知勞累者為上選。選媳婦，則能挑百斤者為優先，男女都要像牛一樣。但近幾年來「惡勞尚逸」的風氣取代「勤勞」，聽到對方家裡從事「做息」，下一句便不必想，一定是我女兒怎可嫁給種田的？為甚麼前一陣子要引進大陸工？外勞？除了低工資外，主要的是「肯做」，認為賣力是應該。

有一則故事：有一天，一位老闆要工人們清理污水溝，台勞不幹，泰勞拿掃帚清理一下，中勞則將雙手毫無猶豫伸入溝內，掏撈污泥，清得乾乾淨淨，不但水溝暢通無阻，流水清澈，就像從前我們在讀中央警官學校，勞動服務的清水溝同樣作法，也是勤勞的表現。因此，最受歡迎的當然是中勞，但不合法，其次為泰勞，台勞則敬而遠之。

另所謂「三K工作」，一為KIKEN（危險）。一為KITANAI（髒）、一為KITSUI（辛苦），源自日本。日本的年輕一代，比台灣早「好逸惡勞」，對「三K工作」更是視之如魔鬼，唯恐避之不及，大大影響國家的勞動力。台灣也如此，有一次，到友人家拜訪。友人關心他的兒子剛退伍下來求職難，請求幫忙，我想現在哪裡找工作？尤其無一技之長，難上加難，勸他去考警察，他說：警察好危險，又辛苦，「吹風曬日」、「無日無暝」，還要受訓……最好能在KTV找個服務生，既輕鬆又馬上有收入，多好，令人聽得啞口無言，我再也沒去過他家。但想一想，在目前的世風下，也是非常正常的心理吧！

在泡沫經濟時代，警察到公共場所臨檢，看到客人上一次洗手間，對遞上毛巾的服務生，一賞最少一百元，在酒桌上換毛巾也是一樣，每次一百元。於是所有服務生輪流換來換去，一個晚上下來得到之小費，超過三線幾星的警察日薪好幾倍。一般，找工作應徵時最關心的是上班幾小時？休息幾天？有否冷氣？等，特別是否屬於「三K工作」？若然，根本就掉頭走人。

因此，工廠缺人找不到工人、工地缺人、漁工缺人，都是同樣情形。好在有泰勞、中勞，否則，台灣勞動力早就消失了。記得去年中國一時要禁止漁工來台，立即引起台灣漁業界之恐慌，這等於中國大陸封殺台灣漁業，也是吃定台灣！

那，勞工到何方去了？人口並未減少呢！

是的，年輕人嫌「三K工作」，大都去找在冷氣房、不流汗、不流血、穿著體面、打扮入時、輕鬆又錢多的工作。

急於求工作，加上人心不古，連革命軍人上當的也有。

例如：賴某，一年前，自海軍兩棲部隊輔導長退伍，一直找不到工作，因急著上班，同樣從報紙看到廣告而應徵牛郎，面試時發現昔日隊上士兵張××，擔任該公司經理，由於在部隊裡張××為其親信，兩人互動良好，賴某以為遇到貴人，慶幸工作應沒問題。沒想到，張××對老長官並未放過，除保證工作沒問題外，免保證金，訓練費、服裝費及到牛郎店觀摩費等減半優惠。接著以高報酬，誘惑賴某入股，偶爾交付小額現金給賴某，騙稱為紅利，取得信任。賴某未察，一步一步陷入騙局，還將信用卡交給張××，刷卡購物、付酒帳，先後被騙七十餘萬。最後，以公司裁員，不缺牛郎為由，使得賴某未當上牛郎，一氣之下告到桃園法院。

所以，也不能怪小鄭，一味說他的不是，先看看有甚麼辦法協助他，聽聽小鄭的被害經過，應有很多機會可以避開厄運。

首先，小鄭，對現況應該要加以檢討：原任公司扣發獎金是否合理？目前的工作環境如何？其將來性如何？有否更適合的其他工作？冷靜分析之下，一定會得到客觀的答案。接著，當起了應徵的念頭時，卻對「伴遊」字眼覺得曖昧，既然如此，「牛郎」是甚麼？應該要打聽、了解，然後與目前工作分析比較，值不值得轉行？是否合法？有否風險？之後應徵也不遲，應三思而後行。假使無從問起，最可靠的是向該公司地址所在地管區派出所查詢這家公司的營業狀況，會得到正確的資訊。

再其次，我沒有接觸過牛郎，真相不知如何？但據想像，當牛郎的也要有行規，相當的品味、吸引力、待客之技、禁忌……等，不需訓練、講習，第二天，換件新衣服即可上班？還有公司要自墊十萬元整理行頭，你也可以交涉請公司先行墊付，了不起加扣利息歸墊。最後，既然給了一大筆款，不要不好意思要向對方索取收據，這是應該的，也可以遏止受騙或當證據。

小鄭，假使經過以上仔細的思考，仍有不解的地方就不客氣向陳經理提出質疑，加以了解，應該在每一環節就可看出其中有問題，對方也不敢繼續施詐。

既然被詐了，面對現實，趕緊報警，這是唯一的辦法，包括被偽造刷下的帳，只要能舉證確實被冒用，如：申請書上指紋、簽名筆跡、對方購物時的監視紀錄……等等，暫時可不繳，靜候法律解決。

而申請書上的指紋、簽名筆跡、信用卡上購物地點監視紀錄等等證據，可以請求警察蒐集的，不要忽略。

回頭人的話

這類犯罪行為的模式通常是這樣的：

一、首先在報紙刊登徵求牛郎的廣告——徵男公關，三十五歲以下，須對自己有自信者，無須任何的費用。

二、等到有人打電話來應徵，那麼就會告訴對方，這是個牛郎的行業，他們只是純介紹，從中賺取佣金而已。他們會要求應徵者寄大頭照（不用寄沙龍照）和身分證影本，並且留下電話號碼聯絡。為什麼要身分證影本呢？因為要看看是否服過兵役，是否有前科。

三、開個信箱。

四、打電話和應徵者聯絡，並告訴對方，無法從他所寄來的證件中知道學歷為何？所以希望應徵者能夠把即將要寄給他的資料表格填一填，並將表格費用新臺幣五百元，連同填好的表格和另一張照片（為了製作工作證使用）一併寄回。

五、當然是收了錢，便不見蹤影了。

就因為年輕人好逸惡勞的習性，於是更讓這些歹徒有機可乘，往往價格越低，受騙的民眾越多。因為價格低所以就不會設防，就算事後知道受騙了，也因為被騙的金額不大，所以就不會去告對方。

第七篇 摘星夢碎

※ ※ ※ ※ ※

新聞台若非炒作八卦，就是枯燥乏味的政經消息；號稱搞笑天王主持的綜藝節目，內容可一點也不精彩；千篇一律的三廳式連續劇總是「歹戲拖棚」，要不就是有聽沒有懂的日劇、韓劇；另外，幾個誇口播映院線片的頻道，則盡播些老掉牙的影片，小貞無聊的撥弄著選台器，再怎麼調來調去，也找不到值得一看的節目，想了一想，乾脆把電視關掉，拿起電話打給小慧。

「小慧，在家好無聊哦！電視不好看，又想不出怎麼殺時間，我們去西門町看電影、吃小吃，順便到百貨公司逛逛吧？」小貞詢問自己的死黨有無外出壓馬路意願。

「真的是太巧了。小貞，我正想打電話給妳呢，在家真的無聊透頂，聽人家說，超級巨星影城正在上演的〈愛你愛到死〉似乎還不錯，那我們就一起去看電影吧，看完電影後，我們再去吃芒果冰、逛百貨公司好了。」小慧興沖沖的附議。

「OK！那就這麼說定囉！現在是十一點，我們約十二點半在超級巨星影城售票口碰面，不見不散！」死黨的全力配合，讓小貞不禁發出一陣歡呼。

穿上一襲粉紅色系的套裝，稍微塗個口紅、擦點蜜粉，看著鏡中美美的自己，年僅十九歲，本就長得相當俏麗，身材也不賴的小貞，滿意的轉了個圈，拎著心愛的Kitty小皮包，快快樂樂的出門，搭捷運赴約去也。

※　※　※　※　※

一個半小時後，小貞與小慧在約定的地點碰面，同樣的，長相不差的小慧，很有默契的以一身水藍色系打扮出現，兩個年輕出色的女孩走在路上，吸引了不少眼光，讓她們既興奮又驕傲，買好電影票後，攜手進入了電影院。

「〈愛你愛到死〉劇情還不錯，花了這二百八十元的票價，總算值得。」兩個小時不到，電影已放映完畢，小貞與小慧雙雙步出戲院，交頭接耳的討論這部港片。

「對啊，劇情不錯，場景也十分華麗，看得出導演與編劇都頗具功力，只不過，男主角長得那麼帥，女主角卻不怎麼樣，兩人似乎不太搭調，如果換個勢均力敵的女明星，那就更好了。」

「我也有同感耶，別說是換其他的大明星，我看哪，就算是由咱們兩個人來演，都不會比她差才對。」小貞繼續敘說著。

「唉喲，你別老王賣瓜、自賣自誇了，咱們兩人雖然長得還不賴，但怎麼跟那些明星比嘛！何況，漂亮女生那麼多，有誰會請我們拍電影呢？」

小慧雖然對自己和死黨的長相有幾分信心，但畢竟西門町滿街都是美女，兩人算得了什麼？因此，並未被小貞的說法沖昏頭，反而還及時的潑了死黨一盆冷水。

「好啦，好啦，不講了啦，那我們現在去第一冰城，吃好吃得要死的芒果冰吧！」小貞轉移話題，提議去吃台北當下最流行的新鮮水果冰。

「好啊，吃完芒果冰，我們再去逛遠東百貨，看看有沒有衣服可買。」小慧邊回答，邊拉著小貞朝第一冰城走去。

※ ※ ※ ※ ※

「老闆！我們都要芒果冰。」小貞與小慧進入人聲鼎沸的店內，好不容易找到空位，坐定後向店家點了兩客冰品。未幾，伙計就送到兩人的桌上，見了滿滿一盤黃澄澄的新鮮芒果粒，鋪灑在雪白的碎冰上，美麗的色澤與滿盤的清涼，讓人還未下肚，熱氣就已消去大半。「真的太好吃了！」小貞與小慧拿起湯匙，細細的品嚐著盤中的美味。

「小姐，妳好！」一個男人的聲音突然傳來，讓正在埋頭吃冰的小貞與小慧，嚇了一跳，兩人抬起頭來，發現一名穿著體面的中年男子站在桌前。

「你要找座位吧？沒關係，我們旁邊還有空位沒人坐。」小貞以為對方也是來吃冰，但卻找不著空位的客人，於是客氣的請對方坐下。但是，這名態度優雅的男士，並非吃冰的客人，他不客氣的坐下來後，從西裝口袋掏出乙只銅製的名片夾，拿出兩張名片，分給小貞與小慧，名片上赫然印著「國際通影業股份有限公司執行製作周祥」。

「兩位小姐，請恕我冒昧。我叫周祥，名片頭銜雖然是執行製作，但我也是國際通的星探，專門發掘可造之才。」周祥向兩人自我介紹。「我們公司下半年有兩部電影要開拍，目前男主角雖已敲定，但女主角部分，因老闆堅持要用新人，故尚未找到合適人選，公司這兩天特別派我出來，希望能物色到女主角，我剛剛從超級巨星影城看到妳們，發現妳們兩個人很特別，於是我就一路跟在後面仔細觀察，愈看愈覺得妳們有往演藝界發展的潛力，因此，想和你們談談看。」

「周先生，您真的覺得小慧跟我適合當明星嗎？」小貞雖然有些懷疑對方恭維的話語，但在自覺天生麗質難自棄的心理下，也不免好奇的問道，而一旁的小慧，也同樣專注的看著周祥，想聽聽對方的說法。

「兩位小姐，妳們可以放一百二十個心，我當星探那麼多年，從來就不會看走眼的。以妳們兩個的臉蛋、身材，只要好好塑造，包準一定可以大紅大紫。妳們應該知道許小小、丁玲玲吧，她們都是我發掘的哦。」見兩人半信半疑，周祥立刻搬出兩位大明星的名號。

「真的啊？」小貞依舊有些遲疑。

「小慧，許小小不就是去年拿到金馬獎最佳女主角的大明星嗎？」小貞垂詢著小慧的意見。

「沒錯，就是許小小。她可是本土派的頭號紅星哦！」小慧應和著。

「可是，丁玲玲又不是台灣人，而是香港人。周先生！你們公司怎麼會找香港人拍電影呢？」小貞又開口問周祥。

「小姐，拜託妳好嗎？我的名片上不是印得很清楚嗎，我們公司叫國際通影業，意思就是做跨國性的電影事業，因此，旗下的大小明星，當然也都是各國皆有。」聽了周祥的一番解釋，小貞與小慧這才稍稍安心。

「妳們別再懷疑了，我是看兩位有發展潛力，才跟妳們談一談，如果你們有興趣朝演藝之路發展，明天下午，可以到我們公司進一步詳談，我會準時恭候大駕。對了，冰店老闆那兒我已經結過帳了，這兩客芒果冰，就算是我請妳們的小小見面禮吧。」周祥說完後，不待兩人道謝，即揮揮手離去。

「小慧，你看周先生到底是說真的，還是說假的？」小貞拿著周祥的名片，仔細的端詳著。

「我看他長得人模人樣，不像是會騙人的壞蛋，依我看，我們明天就姑且一試吧，反正我們兩個人互相照應，諒他也不敢怎樣的，說不定，我們真的有希望進演藝圈哦！」一向對歌星、影星都很嚮往的小慧，拚命慫恿著死黨。

「好吧，那我們明天就去看看吧。」小貞終於點頭。

※　※　※　※　※

第二天下午，小貞與小慧來到位於新生南路的星星大樓，找到五樓的國際通影業股份有限公司，才敲了敲門，「來了！來了！」裡面馬上傳出周祥的聲音，周祥開門一看是小貞與小慧，立刻連聲道「歡迎！歡迎！」馬上請兩人入內。小貞與小慧環顧這個辦公室，裝潢相當富麗，且現代感十足，牆上更掛著包括周祥所提許小小、丁玲玲等人的電影海報，心中的疑慮已去了大半。

「實在不好意思，我還沒有請問兩位芳名呢，來，要咖啡還是可樂？」周祥為自己的疏忽道歉，並詢問兩人要喝點什麼。

「我是鄧玉貞，她叫程慧慧，我們兩個人，目前都還在唸五專，還有一年就要畢業了。我要咖啡，小慧那你呢？」小貞先自我介紹一番，再點了咖啡。

「我也要咖啡！」小慧應聲。周祥聽到兩人所說，隨即轉身走到辦公室附設的吧檯。

「咖啡來了！這可是我親手煮的卡布其諾哦，不是我臭蓋，我煮的咖啡可是人人誇的，妳們先嚐嚐看我的手藝如何。」周祥熱情的要小貞與小慧嚐嚐他現煮的咖啡，並且又端出一盤糕點，讓兩人配咖啡吃。

「周先生，這咖啡真好喝，不比外面賣的差哦！」小貞啜飲著香醇的咖啡，讚不絕口。

「對啊，周先生，真的不錯。」小慧也在一旁應和。

「好喝就好。對了，妳們別再叫我周先生了，怪彆扭的，妳們就叫我周大哥，或者乾脆叫我布魯斯好了。」對周祥不僅疑慮盡除，且對他始終保持紳士態度萌生好感的小貞與小慧，頻頻點頭。

「小貞！小慧！演藝之路的確不好走，但以你們兩人的條件，再加上我們公司的實力與人脈，相信前途一定不可限量。我看，就先安排妳們試鏡好了，明天我會請一些工作人員來，妳們還是這個時間到公司就可以了。」兩人對周祥的安排十分滿意，起身告辭。走出星星大樓，小貞與小慧興奮不已，腦海中盡是自己當上明星，打扮得光鮮亮麗被人前呼後擁，以及被一大群迷哥迷姐們團團包圍，索取簽名的種種畫面。

※ ※ ※ ※ ※

小貞與小慧又依約來到國際通影業股份有限公司，這次，兩人進入後，映入眼簾的，是公司內一副忙碌的景象，有人在架設燈光，有人在為攝影機定位，也有人正在設道具。周祥見到兩人，連忙喊著：「快點，造型師已經等妳們好久了。」

小貞與小慧放下皮包，立刻配合著造型師指揮，一一的進行化妝、美髮、試衣等，然而兩人在裝扮時，卻發現劇組人員為她們準備的，竟然是十分暴露的服裝，讓兩人相當震驚，趕忙將周祥拉到一旁。

「周大哥，這是怎麼回事？又不是拍三級片，為什麼要我們穿這種衣服？」小貞與小慧不解的問道。

「我的姑奶奶，妳們行行好吧，都什麼時代了，妳們還這麼保守，不露一點身材，片子誰要看哪？今天只是試鏡而已，又不是正式拍片，這些film絕對不會流出市面的！」周祥極力安撫兩人。

「噢，my God!，現在都什麼時代了，怎麼還會有這麼保守的女生，拜託妳們，男主角就快要來了，請合作一點好嗎？如果妳們不能配合，那我就只有另請高明囉。」一陣安撫之後，周祥又軟硬兼施的要兩人配合。

「小慧，算了，反正只是試鏡而已，既然片子不會流出去，我們還是拍了吧，聽說有不少大明星，成名前不也都拍過A片嗎！拍了再說吧。」

儘管心中有些不舒坦，為了一圓明星夢，小貞最後還是說服小慧，換好連比基尼都不如的衣物，任憑導演的指揮，拍了些露骨的性感照。休息片刻後，男主角終於出場，小貞一看，這個男人除了體格健壯，全身上下簡直沒有任何可取之處，尤其是一口黃板牙，以及背上刺龍刺鳳的模樣，讓小貞與小慧真的不知如何是好。

然而更可怕的事還在後頭，編劇安排一幕男主角霸王硬上弓的劇情，要小慧當犧牲品，導演喊了開麥拉後，男主角竟然壓在小慧的身上，動手扯破她的衣褲，真箇來個霸王硬上弓，小慧見對方假戲真做，手腳並用的全力抗拒，並大喊救命，卻未料到竟然一點力氣也使不出。

原來，周祥在拍戲前，故作好心要她喝下提神的咖啡，暗中早已摻了強姦藥片，小慧根本無力反抗，就這麼慘遭男主角的性侵害。之後，因疼痛陷入暈厥的小慧，又被人面獸心的導演、編劇，輪番先後玷污，而這可怕又醜陋的一幕，小貞並未看見，因為在不堪入目的事情發生前，周祥早已用其他理由，將小貞帶到另一個房間，偷偷的避過。兩個小時後，周祥才將小貞帶回原來的攝影棚。

小貞進到攝影棚內，赫然發覺衣物支離破碎，全身近乎赤裸的小慧，像一尾被剝了殼的蝦子，踡曲在床上不停的抽搐。

「小慧！你怎麼了？」察覺死黨異樣的小貞，連忙上前詢問，見到小貞後，小慧撲倒在小貞的身上，大聲的哭喊著：「我被強暴了！小貞，怎麼辦？我被強暴了！」

小貞實在不敢相信自己聽到的話，可是，當她看到衣衫不整、面無人色的小慧，又不能不相信這個殘酷的事實。小貞回過頭來，盯著身後的周祥，還有那些所謂的工作人員，大家都是一臉邪笑，讓她也不禁跟著小慧一起放聲大哭，怎麼會上了賊船？

沒等到小貞與小慧心情平復，周祥迫不及待的開口：

「小貞！小慧！妳們別再難過了，既然事情到了這步田地，我看，妳們也不必再計較什麼了，索性就繼續配合吧，先拍點養眼的片子，讓那些大老闆瞧瞧，只要他們看中意，肯出大錢捧妳們，還怕沒有當上大明星的一天嗎？今天的這段遭遇，妳們就把它當成踏入演藝圈必須繳的學費吧。千萬不要報案哦，妳們還有好幾張色情照在我們手中，如果妳們敢報警，小心我找人潑硫酸，毀了妳們可愛的臉蛋，而且，我還會馬上把妳們的裸照公佈在網站上，而且還會寄到妳們的學校、家裡，還想不想好好做人，妳們自己看著辦吧。」至此，周祥一改昔日溫柔的態度，兇狠的恐嚇著兩名涉世未深的女孩。

「還有，有時候，我會安排妳們和大老闆吃吃飯、睡睡覺，只要我聯絡了，妳們就一定要來，絕對不可以找理由推辭，否則，我也會比照前面講的方式處理哦。不過有件事妳們可以放心，這些大老闆個個都很阿莎力，只要肯陪他們，鈔票絕對不會少給，我們公司也不貪心，就二一添作五吧。好啦，今天就到此為止，妳們可以先回去了。」周祥霹靂啪啦的又說了一串後，才放兩人回家。

※　※　※　※　※

扶著虛弱的小慧，小貞走出國際通影業公司的大門，腦海中浮出的第一個念頭，就是陪小慧到醫院驗傷，拿到傷單後轉往警察局，請求警察先生主持公道，將周祥等壞蛋繩之以法。不過，小貞又怕遭到對方的報復，更擔心裸照流出市面，那她和小慧以後還怎麼抬得起頭來？腦筋才轉了一陣，皮包內的手機就響個不停，小貞原本還以為是不是出門太久，爸媽擔心才打電話找人，哪知接起電話後，那一頭竟然是周祥的聲音。「小貞，大富企業的王董今晚要請朋友喝酒吃飯，還要去卡拉 OK，妳跟小慧先回家休息一下，穿得漂亮一些，晚上七點，我們在公司門口碰面，不准放鴿子哦，否則，後果妳們是知道的！」周祥交代清楚後，馬上掛掉電話。

由於一時的好奇，不僅害了自己，也害了最要好的死黨，摘星夢碎，成了A片淫娃、坐檯公主的小貞，不禁要問老天爺：

「我該怎麼辦？」

楊子敬的話

誘人的姿色，亮麗的外表，多彩多姿的活動，燦爛的社交，豪華的生活……，這就是明星為什麼，牢牢套住年輕人的心，明星成為年輕人的偶像，明星夢為年輕人所嚮往的原因。尤其是女孩子，誰未做過摘星夢？但究竟有幾個人摘到手？

小貞、小慧的遭遇正是這些少女的寫照，不過帶來的結果太殘酷罷了。

年輕貌美就是本錢，靠自己的本錢實踐理想是沒有錯的，但如何實踐？必須要有一番的規劃，絕不可隨意而行，更不能任陌生人擺佈。年輕貌美，本非罪惡，卻因人人羨慕，也很容易成為有心人覬覦的目標，而招徠不幸，甚至罪惡。

幾年前，偵辦過某香港聞人來台北，在惡友設計之下，到翡翠灣別墅玩三P，結果演變為「仙人跳」，被敲詐巨額遮羞費。被害人礙於面子不敢聲張，但愈想愈心不甘，認為哪有被熟人坑的道理？便將詳情透露給另一友人，該友人點破就是對方看準你不敢聲張，所以才下手，不可就此罷了。反正你的狼藉大家都清楚，沒有甚麼好保密。遂在朋友陪同之下，報案請求處理。但還是不忘加一句，拜託不要發布新聞。

接案後，按程序傳訊涉嫌人，其中一貌美少女，「小茜」始終支支吾吾，不肯啟口，眼淚直流，甚至要企圖自殺。幾個大男生碰上這種事最頭大，經過一番折騰，總算了解由來，原來「小茜」是某××學校校長的掌上明珠，因為不愛讀書，想以高眺出眾的姿色當模特兒。於是看報應徵，面談，上課，煞像真有一回事。不久，問題來了，說是要期中表演，每一學員要準備六套服裝上台，要錢！「小茜」本來就是瞞著家人的，很清楚的家人絕不可能支應該筆錢的，但礙於面子無法放棄表演，正在苦思無策。

這時候，惡魔伸出魔手，訓練班的輔導員，也就是設陷某香港聞人之主謀者，擺出一副濟助姿態，替「小茜」出餿主意，最後就是被安排以天生本錢，換取金錢，墮落為「應召女郎」。而這是第一次被警查獲，想到萬一媒體曝光，以「小茜」父親作風，只有死路一條，怎不傷心？

「小茜」是無辜的，值得同情，可嘆是她的幼稚、她的輕率、她的不自愛、她家人的失望！「小茜」已經受到女性最慘痛的傷害，再如何也不能讓她遭到二度傷害。因此，不待「小茜」請求，警察給了她最嚴密的保護，到今天，「小茜」的身份從未曝光，覺得很安慰，也是警察的驕傲。

「小茜」現在已經是少婦了吧！與「小貞」、「小慧」，三個人兩件案例，是否極為相似？好像周而復始，不斷發生在妙齡女性身上，因為是女人，「弱者」的原因？警察為了保護婦女，防範意外事故發生，設置女警隊，竭盡所能，宣導提醒女性共同維護自己的安全。

例如：夜間不出門，外出要結伴，穿著要得體，坐計程車要找熟悉車行，獨留户內要上鎖，不隨意進他人房間，不與陌生人搭訕，不可喝陌生人給的飲料……等等。但好像效果不佳，切記！女生遭遇失身的結果，身心所受之打擊最慘酷，吃虧最大的是自己，無法挽救的。

現在的少年，不管男女都早熟，早早就對異性存著好奇。我經常對年輕朋友灌輸一個老古板的觀念：不但要珍惜自己的身體，也要尊重別人的身體。無論男女，「穿泳裝的部分，絕對不能給異性看，也不能撫摸。更不能看或摸別人的這一部位」，除非是親人或醫生。

「守身如玉」為保護自己的首要鐵則，「自己身體的安全，只有靠自己保護」，不論男女，都要有「貞操」觀念，不隨便犧牲自己的「身體」。

「小貞」、「小慧」閒聊時便提到「漂亮女生那麼多，有誰會請我們兩人拍電影呢？」算是有自知之明，可惜，不堪三言兩語，迷湯入耳，就忘了謙虛，糊裡糊塗，輕易的上鉤。相信她們在家裡，從幼稚園到各級學校，家長父母、老師，不斷耳提面命，告誡過不要隨便聽信陌生人的話，與陌生人接觸要先打聽……等等。何況當「明星」是大事，也是可喜的事，值得向家人報喜的，家人聽了一定會代為打聽或者陪伴試鏡，不可能由弱小兩女輕率出門，容易吃虧的。

也不禁要問，為何不安排家人先與周祥見面致意，進一步了解公司名稱，片名，待遇，簽約等相關事項。這些都是正常的程序，應該要做的。

我在梁家輝主演的〈雙瞳〉客串幾秒鐘，也就是這樣做的。

再者，「小貞」、「小慧」既然察覺情形不對，兩個人應堅持照應、觀摩等為由，不能分開，否則拉倒，即刻離開。「小慧」事先因喝了含強姦藥片的咖啡，無力抗拒，實在是無奈，但事後浮上到醫院治療的念頭，防止被傳染性病，一方面取得驗傷單，做為告訴之證據，是很正確的亡羊補牢之道。但假使因周祥來電恐嚇而繼續受制於其淫威而改變念頭者，不但無法彌補，甚至可能由被害人演變為「共犯」，更是虧上加虧，且唯有墮落一途。

「小貞」，現在就趕緊找警察報案，因為所謂的「犯罪現場」還在，「涉嫌人」等也在，「小貞」不要猶豫，趕緊呀！趕緊呀！不然就回家一五一十告訴家長處理！可惡的周祥，可憐的「小貞」、「小慧」。

但願天下貌美年輕少女，「摘星夢」儘可羅織，但務必小心，事先一定要告訴家人，你媽也期待當「星媽」哪！

第八篇 校園小霸王

※ ※ ※ ※ ※

「小明！快來吃早餐了，媽媽煎了你最喜愛吃的蘿蔔糕。」看著才升上國一的兒子，慢吞吞的穿衣著襪，仍是一副毫不在乎的樣子，家珍恨不得衝上去幫忙。

大東放下了手中的報紙，對著家珍說道：「老婆，你就別再催了，現在才六點十分，學校不是規定七點半才早自習嗎？反正我會開車送小明，絕對來得及的。」

「都是你平常太慣了，小明動作才會這麼慢，我看哪，你們父子倆都該罵。」家珍雖然不再催小明，但卻將目標轉向大東，嘮叨一番。

就著冰冰的鮮奶，三兩口將蘿蔔糕嚥下肚，小明用紙巾抹抹嘴，向家珍說了聲老媽再見，背起書包就和提著公事包的大東一起出門，坐上老爸心愛的 CAMRY 出發，由於路程不遠，路上交通又還順暢，才十分鐘就到學校了。

「小明啊，國中不比小學，除了要更用功，還要和同學好好相處，不可以吵架、打架哦！放學後趕緊回家，別讓你媽擔心。」大東不斷的叮嚀，並給了小明五百元當零用錢後，向唯一的心肝寶貝揮揮手，才開車上班去也。

※　※　※　※　※

下課鈴響了，上了一節課的同學們如脫韁野馬，紛紛衝出教室，把握僅有的十分鐘休息時間，有的去上廁所，有的往福利社，更多人則是朝操場飛奔而去，小明正是想要趁機打打籃球的眾多同學中的一個。

儘管個子矮小，但是對籃球興趣十足，將美國 NBA 巨星麥可喬丹當作頭號偶像的小明，仍然奮力的擠在一群同學當中，想將球兒投進籃框，只可惜籃框看起來又高又小，球兒總是不聽使喚的彈開，讓好不容易才拿到球的小明，失望不已。

「張忠明，你給我過來！」

正在為自己投球失手懊惱不已的小明，突然聽到有人在大聲的叫自己，小明轉頭一看，只見同班的惡霸杜慶平，在幾個小嘍囉的簇擁下，招招手要小明過去，雖然心中是百般不願，但是，對方不僅人多勢眾，而且人高馬大、個性兇狠的杜慶平，素有校園小霸王的稱號，包括高年級同學在內，大家都對他畏懼三分。雖然其中也有人不滿杜慶平，想挺身反抗，不過，又恐違反校規被處罰而作罷，哪像杜慶平，跑訓導處是家常便飯，在九年一貫國民教育制度的「庇護下」，處罰對杜慶平而言，根本起不了任何作用，難怪每位師長見了這號麻煩人物，都只能搖頭嘆息一番，早就放棄有教無類的念頭了。

「你找我什麼事？」小明怯懦懦的走到杜慶平的面前。

「你管我找你什麼事！你最近很跩哦，看到我連招呼都不打，我看你是皮在癢。」杜慶平口氣十分不友善。

「你誤會了，絕對不是，我大概是走得太匆忙了，沒有看見你，所以才沒跟你打招呼，對不起，對不起。」小明見對方來意不善，一顆心嚇得碰碰跳，趕忙連聲賠不是。

其實，小明的確是有意迴避杜慶平，以免惹禍上身。上回，他因為不肯將爸爸買給他當生日禮物的鋼筆借給杜慶平用，對方竟然暴力相向，除了和同夥把他痛打一頓，還將他的課本、作業簿撕破，書包也被丟到教室外。雖然他立刻一把眼淚一把鼻涕的衝到教務處，向級任老師告狀，但是，當老師知道和他起衝突的人是杜慶平後，竟然只是告訴他，以後離杜慶平遠一點，不要和他來往就好，完全沒有對杜慶平做任何處分。

儘管小明爸爸大東與媽媽家珍知道此事後，立即到學校找老師溝通，並口頭告誡杜慶平一番，但因接到校方通知匆匆趕來的杜慶平母親連連賠不是，苦苦哀求他們原諒，因此，小明爸媽才未再計較。尤其是大東與家珍得知杜家家境不好，公婆與四個小孩的生計，全靠丈夫早逝的杜母當清潔工一手支撐，更不忍再予追究，此事就此作罷，大東也只有提醒寶貝兒子，別和杜慶平來往就好了。

因此，之後每次在校園中，只要看到杜慶平這個惡煞的身影，他就避之唯恐不及，閃得遠遠的。詎料，並未受到教訓的杜慶平，非但不知收斂，反而變本加厲，專在校園中欺侮弱小、惹事生非，生性懦弱的小明，自然成了杜慶平眼中的最佳出氣筒，甚至是隨時可撈到好處的一隻肥羊。

「媽的！你以為我會相信你說的鬼話？告訴你，老子跟我的這群朋友最近欠錢，識相的話，趕快把口袋的鈔票乖乖掏出來，要不然，有你好看。」杜慶平厲聲說道，而他身邊的那些狐群狗黨，也一起將小明團團圍住，擺出一副準備開扁的架勢。

「杜……杜……慶平，我……我……今天身上沒有帶錢，我怎麼拿給你？」小明見了對方兇狠模樣，嚇得講話都有點結結巴巴，雖然爸爸早上才給了他五百元，但他也不願就這麼平白無故的交給對方。

「媽的！你敢給我裝蒜！我看你是不見棺材不掉淚，誰不曉得你家是有錢人，你老子每天都會給你零用錢，你再不拿出來，等下被我搜到，非打得你滿地找牙。」杜慶平話才說完，就立刻與同夥架住小明，在他的制服口袋內搜括。

「拜託，我身上真的沒錢，請你們不要這樣。」小明一面閃躲，一面苦苦的哀求，但是，對方七手八腳，沒幾秒鐘就在他的長褲夾袋搜出那張五百元大鈔。

「平哥，你看，這小子嘴巴上說沒錢，結果竟然藏了五百元，喏，交給你。」小嘍囉志得意滿的晃晃手中的大鈔，再必恭必敬的交給杜慶平。

「張忠明！你敢耍我？兄弟們！給我上！」杜慶平邊將鈔票收進自己的口袋，邊唆使嘍囉教訓小明。

「哎呀！好痛。求求你們，別再打了，錢你們已經拿了，拜託不要再打我了，我下次絕對不敢了。」被打得疼痛不已的小明，哭求對方住手，可是，這些人跟本不理會，依舊拳如雨下，一陣混亂後，小明身上已多處掛彩，制服也被扯破，趴在地上哭泣。

上課鈴響起，對方這才罷手。「你還敢有下次？張忠明，我警告你，以後每天上學，都得給我準備五百元，否則有你好受的。還有，不准你告訴別人這件事，你給我小心點！」杜慶平再度威脅一番，才和狐群狗黨笑嘻嘻的揚長而去。

「唉，好痛哦，要不要報告老師呢？」全身是傷的小明從地上爬起，步履蹣跚走向教室途中，思考著是否要到訓導處求援，然而一想起上次老師並未處理的情形，小明的心就涼了一大半，「唉，還是算了。」小明搖搖頭嘆了口氣。

※　※　※　※

「媽，我回來了。」放學後，小明返抵家門，跟正在廚房做晚飯的家珍打了聲招呼，就一溜煙的跑回自己房間。「小明哪，等你爸爸回來再開飯，先喝杯媽媽榨的柳橙汁。」見到寶貝兒子回來，家珍立刻端了杯果汁給小明喝，但是，小明的房門卻反鎖著。「小明，你幹嗎把門鎖著，快開門，把柳橙汁喝了。」家珍敲了敲門。「媽，我不想喝啦，你自己喝掉，我要做功課了啦，拜託不要吵我。」小明隔著房門說。家珍見寶貝兒子不肯開門，雖然覺得奇怪，但也沒有辦法，端著果汁離開。

天色逐漸暗了，在廚房忙進忙出的家珍，總算是打理好一桌香噴噴的菜餚，當她添好了飯，大東也正巧下班回來了。「老公，小明有點奇怪，今天放學一進門就躲進房間，我連個人影都還沒看到。」家珍一面接過丈夫脫下的西裝外套，一面跟大東敘說著寶貝兒子的情形。

「妳別擔心了，小明上了國中後，已經是個小大人了，什麼事他自己會應付，何況妳別忘了，他現在正值青春期，個性開始叛逆，凡事，我們就順著他一點就好了。我看哪，說不定他在談戀愛，搞不好，哪天他突然帶著未來的媳婦，要咱們同意結婚呢。」大東樂觀的說。

不過，夫妻兩人聊了會兒天，肚子已在大唱空城計，於是便在餐桌坐定，準備享用豐盛的晚餐，但卻仍未見小明出來。「小明哪！快洗手吃飯了，你媽做了你最愛的糖醋黃魚呢！還有青椒牛肉、宮保雞丁、紅燒獅子頭、炒高麗菜心、玉米濃湯哦，全都是你愛吃的，快來吧。」這次換大東催促寶貝兒子。

「爸，我吃不下啦，你們先吃好了，不用管我，我功課還沒做完啦。」小明依舊窩在房內，不肯出來。由於小明向來不曾如此，大東感到相當納悶，起身離開餐桌，走到寶貝兒子的房間前：「小明，你把門打開，我有事要問你。」不過，小明還是毫無動靜，察覺有異的大東這下可急了，連連敲門，許久許久，一隻手捂住眼睛的小明，這才打開門。

「小明，你的眼睛怎麼了？讓老爸看看。」大東要寶貝兒子把手拿開，小明拖了半天，才不情不願的將手移開。大東仔細一瞧，小明的眼睛腫得老高，鼻孔還留著乾涸的血跡，驚駭不已的他，心疼寶貝兒子的傷勢，又氣又急的追問：「到底是怎麼回事？是不是又有同學欺負你？快跟我講，老爸找他算帳去！」

小明原還想撒個謊，騙說是自己不小心跌倒，但因傷勢實在太嚴重，爸爸一定不會相信，因此，才將被杜慶平等人痛毆的經過，一五一十的和盤托出。「真是太可惡了！上次我們原諒他，希望他會悔改，沒料到他竟然還敢打人、搶錢，這回我絕饒不了他。爸爸明天就到學校去找校長，要是不能還咱們一個公道，乾脆轉學算了。」大東氣憤的說，並要家珍帶小明到浴室沖洗，換件乾淨衣服，再到醫院檢查、治療。

※　※　※　※　※

校長室裡，一群大人表情嚴肅的坐著。

「陳校長、王主任，還有林老師，這件事情不能就這樣算了。我們已經原諒過杜慶平一次，可是他還是不肯悔改，又將小明打傷，還搶了他的錢，聽小明說，他們班上還有好幾位同學，也都身受其害，只是畏懼遭到報復，而只有忍氣吞聲，不敢張揚開來，我堅持你們一定要秉公處理，否則，我就打電話請警察來辦理。」大東仍是一副餘怒未消的樣子。

「趙先生，真對不住，都是我們教導無方，才會讓小明受害，我們學校一定會按最嚴厲的校規處置。不過趙先生，您也知道，杜慶平是單親家庭的孩子，母親為了一大家子的生計，鎮日奔波煩忙，根本沒有時間管小孩，因此，杜慶平才會成了問題兒童，站在十年樹木、百年樹人的立場，學校從來就不肯輕言放棄任何一位學生，我們今後絕對會嚴加管教。請您大人有大量，就再給杜慶平一次機會吧。」

雖然明知這隻迷途羔羊很難再找回，但對教育下一代有著類似基督徒般崇高理想的陳校長，仍替杜慶平求情，而王主任與林老師也在一旁附和。不僅如此，杜慶平的母親更是雙膝一跪、點頭如搗蒜。

「趙先生，我求求您，千萬不要報警，如果我家慶平被抓，一定會被關起來，那他就有了前科，不良紀錄會跟一輩子，他的人生就完蛋了，求求您啊！」跪倒在地的杜母，不斷的哭求大東的原諒。

「杜太太，請您先起來，我實在不知道該怎麼辦了。您看看，小明已經是第二次被您家慶平欺負了，如果再不處理，小明今後還怎麼讀書？」看著一頭花白頭髮，被生活重擔壓得身軀佝僂的杜母，大東真的是於心不忍。

經過冗長的討論後，大家做出決定，杜慶平被記兩次大過並留校察看，而小明則是調到其他班級，避免兩人再生衝突。對於這個結果，大東雖不滿意，但看在杜母與學校師長一再求情的份上，只有勉為其難的接受了，杜母則是頻頻稱謝，並強調一定會好好教訓杜慶平，不讓他再欺負同學。

※　※　※　※

所謂「江山易改，本性難移」，經過這次事件，杜慶平雖然安份了幾天，但未幾又故態復萌，不僅到處闖禍，而且，他竟然還被某黑道幫派吸收，掛了個小隊長的名號，成天帶著一票不愛唸書，將古惑仔當偶像的壞學生，在校園內作威作福，除了毆打同學、勒索保護費外，甚至數度欲攻擊師長，如果有人膽敢反抗，杜慶平還會找來校外人士助拳，成了名副其實的校園小霸王。

雖然夜路走多了總要見鬼，杜慶平也進出過警察局或少年法庭，但因尚未成年，法律上頂多是交付保護管束而已，對杜慶平難起教化之功，反倒以見過世面的老江湖自居，行徑更加囂張，任誰見了他都是畏懼三分，敢怒不敢言。

由於小明之後又數度被杜慶平找麻煩，無奈之下，大東決定讓小明轉學，不過，校園中類似小明的例子不知凡幾，可是這些受害者，卻並非都如小明般，有一對重視孩子、關心孩子的家長，能夠協助遠離無情的迫害，其中有許多學生，因為家中雙親都得外出工作，除了給予物質上的滿足外，根本沒有餘力顧到孩子的日常起居或學校生活。

這些被害人，泰半忍氣吞聲的滿足杜慶平的需索，有的被欺侮怕了，乾脆投靠杜慶平的旗下，成了他的黨羽，忘掉從前所受到的苦難，反倒回過頭來當幫兇，欺負更弱小無助的同學。

最可憐的還是杜母，操勞一家之計已經夠辛苦的了，這個不成材的兒子還為非作歹，老是給她添麻煩，讓她數度萌生輕生念頭。沒唸過幾天書的她，已經不曉得如何是好，鎮日盼望兒子回頭的她，只能望著上蒼，心中默默的吶喊：

「**我該怎麼辦？**」

楊子敬的話

一般參加校園幫派的學生，有的是因為功課不佳，在同學之間沒有地位，於是為了引人的注意，刻意加入某些團體，希望有靠山，有人可以「罩」住他；有的是因為家庭親人之間的不睦，想從團體之中獲得認同的掌聲。但有的是被脅迫加入的，也許自己曾經就是個不愉快的受害者，因為憤怒了，有樣學樣，惡性循環。而更嚴重的是時下年輕人叛逆思想、英雄主義、討回公道所帶來的後遺症。這些個校園小霸王往往利用恐嚇、暴力，欺負同校的同學，如果不敵，也許還會請外校的幫派朋友助一臂之力，來個圍毆……，稱為「校園暴力」。

而在校園暴力威脅之下，部分膽小學生，就像小明，既不堪受杜慶平施暴，也不敢向家長說明，加上老師束手無策，產生厭學感，最後只有自己解決，走上逃學之路，造成另一個問題學生。

警察為了防範少年事件，除各警察局設有專責單位——少年隊外，又為加強校園安全維護，實施下列措施：

1.辦理「輔導教室」及「法律劇場」

邀請從事警政、法律、心理、社會、輔導等專業人士，以團體活動等方式進行教學輔導課程，以導正行為偏差少年，修正其問題行為及觀念。

2.加強校園「少年犯罪預防」宣導

與各中等學校建立聯繫網路，透過各校「法律常識座談」及「犯罪防制講座」時段，由少年隊幹部親赴各校演講、宣導，與在校師生積極互動，以達到預防犯罪宣導效果。

3.協尋中途輟學學生

因為警方發現，中輟學生對於校園安全影響逐漸顯著，因此嚴格要求警察必須持續辦理後續追蹤輔導，協助中輟學生返校完成學業。

4.執行學校畢業典禮期間校園安全及暑期保護少年兒童安全

此項工作之重點，為對各級學校畢業典禮期間師生校園安全，以及暑假期間防止少年進出酒家、酒吧、酒館、舞廳、特種咖啡茶室及引隱含色情、賭博性質等妨害少年身心健康場所，或打工、從事性交易行為，同時要求員警加強校園安全，維護及防制暴力事件發生。

5.持續執行「春風專案」

將持續規劃春風專案勤務，藉以杜絕不法，以收犯罪預防工作之效。

6.執行校園查訪勤務

7.執行「暑期保護少年——青春專案」等等

至於在學校中，如何減少小霸王的發生呢？除了對校園內同學聚集的場所多加巡視，以便降低「校園暴力行為」的可能之外，校方應可以設計一些適當的活動，讓同學們都可以盡情的參與。

1.設計一些師生間或同儕間可供挑戰的活動，例如：歌唱擂台、下棋比賽、球賽等等，以便滿足青少年挑戰權威的心理。

2.佈置一處可供學生宣洩情緒的場所，讓學生知道適當的情緒抒解方法，例如：打沙袋、不倒翁或出氣娃娃、留言板、丟水球……等等。

3.藉由活動來培養學生好的行為，藉好行為來獲得同儕的尊重。

4.在平時要有計畫性的提供每個學生都有表現優點的機會，使學生能從成功的經驗中獲得肯定。

5.藉由一些輔導策略的應用，例如試著交辦一些任務，由小霸王去領導指揮負責完成，或讓他獨力去完成某項具有挑戰性的工作，以滿足他的需求。

6.一定要協助小霸王從不同的角度去了解，為什麼別人會對他的行為產生誤會。

老師常對學生說：「不要一個人單獨行動，當你碰到霸王要錢時，先給錢，保命第一，不要帶有挑釁的口氣，不要正視對方的眼睛，不要有事沒事就嗆聲，不要激怒對方……」。不解的是，當好學生碰到偏激行為學生時，必須如此的「忍氣吞聲」嗎？

有一位心理諮商專家認為：在學校教育領域，這種消極的教育是否適當？他指出：聽說，在美國，如果自己未成年的孩子和同學們在家中喝酒的話，一般的父母會打電話給警察局，請警察來處理，因為未成年是不允許喝酒的。再者警察也必須進一步調查，到底是哪一家商店賣酒給未成年的人。美國人，如此守法，甚至於有點小題大作、大義滅親的態度，是否可以做為我們的借鏡？

一個老師，要輔導的學生一定比一個家長要養育的孩子還要多，因此我認為撫育、養育、教育孩子的重任，應該是每一個為人父母的「天職」。有一個朋友，常說這樣的一句話：「孩子不是生來玩的，孩子絕對是生來養育、生來教育的。要懷就要生，要生就要養，要養就要教。」

他說：現在青少年的問題那麼的多，而這些問題並不是我們逃避，就會自然消失無蹤的，相反的它正考驗著大人。父母、老師的「天職」加重之外，社會上的公眾人物也有負起輔導的責任，當我們大聲疾呼：「這一代的孩子怎麼了？」的時候，這些人士為什麼就不能回過頭來大膽的面對自己，看看我們大人自己做了些什麼呢？忙著玩股票、忙著離婚、忙著選舉、忙著圓謊、忙著抗議、忙著互揭瘡疤、忙著販槍販毒販賣人口、忙著利用宗教達到個人的利益……。什麼時候，我們能拿出呈現光明的一張漂亮成績單讓孩子們去學習呢？不要只是會怪孩子們，想想大人自己吧！要求孩子之前，請先要求自己吧！

至於校園小霸王杜慶平的媽媽，該怎麼辦？

首先她應該有一些認知，因為一般而言，這類小霸王大多是在家庭中缺乏父母的愛。另，有的是因為小孩的作為無法得到家人的認同，就因為要找到自己價值感的心理需求，於是就很容易被校園中的幫派所吸引。如果他的能力強的話，那麼就更容易找到自己的地位。所以身為父母者，不要一天到晚勸導說教，一定要讓孩子們確實的感受到被大人關愛與重視的感覺。這些小霸王，他們的內心一定是欠缺、空虛的。所以樹立孩子的價值感是很重要的一件事。做為第一線的父母一定要學會改變，如果父母不改，就算孩子們接受再多的心理輔導與諮商也枉然。

另外，學校的輔導老師、級任導師也應該幫助孩子改變。只是現在的教育，升學壓力實在太沉重，校方碰到這類案件，也常常只以「息事寧人」的態度善後，殊不知這樣子的鴕鳥心態，讓多少受到傷害受到委屈的乖孩子，不知該如何是好？有些則對學校產生厭學感，蹺學了之；有些則將長期累積的不滿，也許在畢業典禮時一下子爆發出來，做出對學校對老師傷害的舉動。其實有的時候並不是老師們不願意好好處理，而是因為專業的實務經驗不足，或多一事不如少一事之逃避心態所引起的，所以只好以排斥的心態對付這些校園中的小霸王。我以為如果老師們能夠多給小霸王一些關懷，不要歧視、不要排斥他們，時間久了，自然一定能夠感動他們的。

說了半天，建議杜媽媽，先了解一句話：「養子不教，誰之過」之道理。痛定思痛，以壯士斷腕決心，到少年隊請求輔導慶平，相信少年隊會幫助妳的！杜媽媽，有關像慶平的問題，也可以上網查詢，如http：//cdps.tpc.edu.tw/（崇德國小輔導室）之類，可以獲得協助的。如不會上網，拜託鄰居或警察吧！

第九篇 追風少年

※ ※ ※ ※ ※

「阿宏！卡緊啦，別忘了，今天晚上的節目，一定會很精彩的哦。」已放下手邊工作等下班的火旺，拚命催促著正在焊接鋼條的阿宏動作快一點。

「好啦，你是在趕著投胎不成？別催我好不好？萬一燙到手，節目再精彩，也都全泡湯了。」戴著護目鏡的阿宏，暫時擱下手中的瓦斯噴槍，扭頭對一副「櫻櫻美代子」樣的火旺說。

「還有十五分鐘才下班，你這麼快就休息，小心摸魚摸到大白鯊，萬一被王領班看到，到老闆那裡告你一狀，飯碗丟了，看你怎麼辦。」阿宏一面說，一面繼續埋首工作。

「放心，不會啦。王領班自己最會偷懶，每天下班前一個小時，就溜到會計部，找那些小姐聊天，吃吃豆腐，根本沒有時間管我們在幹什麼，我跟你講，我才不怕那個老色鬼呢！」火旺吊兒郎當的回道。

「好啦，不跟你扯淡了，你要是嫌我動作慢，那你就先去買便當，等一下咱們下工吃飽了，得趕緊去檢查車子的狀況，要不然，出了問題，怎麼跟人家車拚？」阿宏再度拿起噴槍，噴出一道紫紅色火光，繼續埋首焊接。

「那我先溜出去囉，你要吃排骨還是雞腿？」火旺邊問邊拿起夾克披上。

「排骨跟雞腿早吃膩了啦，唉，選來選去都是這幾樣，真是，要是有錢多好，要是我有錢，天天都帶阿美去五星級飯店好好享受，才不吃便當！好吧，那你就幫我選焢肉的好了。」阿宏頭也不抬的說。

火旺點點頭後，一溜煙的就不見了身影。

「阿宏！別做了，把工具收拾一下，馬上就要下班了啦。」一個熟悉的聲音，突然在阿宏身後響起。

「哇！慘啊！火旺給人抓包啊。」阿宏發現是王領班，想到開小差出去買便當的火旺，暗暗叫苦不已。「王領班，火旺好像是去上廁所，剛剛他才說肚子痛，應該很快就回來了。」阿宏忙不迭的替火旺解釋，心中卻是著急不已。

「這個死囝仔，什麼肚子痛，根本是藉口，我看哪，他分明又去摸魚了。他最近工作時，常常不見蹤影，不知在搞什麼把戲？下個禮拜一就要發薪水，火旺要是敢摸灰，那是被我抓到，一定要跟老闆講，扣他薪水！」王領班氣沖沖的說。

「不會啦！不會啦！他一定是方便去了，我相信他很快就會回來的。」阿宏再次為火旺掩飾。

「你不要替他解釋，誰不知道你們兩個是哥們？我說阿宏啊，你最好勸勸他，近來外面不景氣，工作很難找，做事情要專心一點，否則被炒魷魚，可別怪我。」王領班餘怒未消的說。

「王領班！阿宏！你們在聊什麼？」就在此時，蹺班去買便當的火旺已回到工廠，看見王領班和阿宏正在說話，火旺心中雖然已知內容八九不離十與自己有關，但仍裝作像個沒事人般的問道。

「火旺！你是跑到哪裡去了？是不是又跑去摸魚？」王領班見火旺終於現身，立刻準備興師問罪一番。

火旺見苗頭不對，瞧見阿宏正朝自己擠眉弄眼，情如兄弟的兩人默契十足，火旺馬上理直氣壯的說：「沒啦，王領班，你千萬別誤會，我是去廁所拉肚子啦。」

「干係真A？你嗲騙肖！你手上拿的是什麼？你干係去廁所吃飯配屎呢？我跟你講，這是最後一次原諒你，如果下回再被我逮到，我一定會向老闆報告的。」

火旺回來時，只想到如何圓謊，卻忘了手上還拎著裝著兩個便當的塑膠袋，就這麼被眼尖的王領班識破，場面一時好不尷尬，還好王領班未再追究，火旺趕忙連聲稱謝：「不好意思，不好意思，王領班，你大人大量，謝謝你啦，我保證下次絕不敢了。」工廠的下班鈴聲恰巧響起，火旺與收拾好了工具的阿宏，向王領班說了聲明天見後，匆匆跑到工務室打卡，頭也不回的離去。

※　※　※　※　※

「火旺！油門怎麼有點不順，你用起子調整一下好嗎？」阿宏稍微加了一下油門，覺得引擎聲音似乎不太對勁，像是肺部不好的老人家，隔一陣就咳一聲，因此要火旺看看。火旺聞言，立刻拿起起子調整，經過他的一番妙手施弄，引擎才發出平日那種強而有力的吼聲。

阿宏又試了一下煞車，檢查才更換的高速輻射胎。「OK！車子正常，跑個二百公里以上絕沒問題，等下一定要給黑狗他們好看！」阿宏心滿意足的瞧著心愛的銀黑色重機車，用手拍了拍座墊，轉頭問火旺：「火旺，那你的車呢？」

「放心啦，我的車好得很，要不是技術還差你一點點，我一定可以飆贏你的，黑狗他們絕非咱們的對手，今天可以賭得大一點，贏了錢，這個禮拜，我們來去壄丁瘋一下。」火旺拍胸脯保證。

「哦，對了，不知道阿美有沒有幫我約秀枝？那個女孩真的不錯，希望等一下去接阿美的時候，秀枝會出現，否則啊，我又是孤家寡人一個，到時只能看你們小倆口的甜蜜模樣，只有當電燈泡的份。」火旺發動了自已的重機車，引擎發出像野獸般低沈的嘶吼聲，狂野又有力，火旺凝耳傾聽，滿足的笑了笑。

兩人跨上座騎，戴上全罩式安全帽，輕踩油門，讓機車慢慢滑出家門，轉到大馬路上。華燈初上，各式車輛往來穿梭，交通依然繁忙，阿宏與火旺環顧四周，兩人相視一笑，極有默契的同時放開煞車，猛催油門，兩輛摩托車就如同脱韁野馬，風馳電掣的快速前進。儘管在忙碌的車陣中行駛，難免險象環生，但技術一流的阿宏與火旺，卻是樂此不疲，享受著追風的快感，不一會，就來到阿美的家門外，只見阿美已等候多時，而身旁還站了另一位妙齡女子，火旺立刻眼睛一亮，但又不敢立即開口打招呼，以免造次。

「阿美，妳今天真漂亮！」阿宏脱下安全帽，用讚嘆的眼光，掃過阿美全身上下。

「你説什麼？我今天很漂亮，那我以前就不漂亮了嗎？」阿美發出嬌嗔的語氣。

「不是啦，不是啦，都怪我不會説話。我是説妳不但原來就很美，而且一天比一天漂亮啦。」阿宏看阿美似乎有點生氣，連忙賠不是。

「好了啦，跟你開玩笑的啦，你別再灌迷湯了，別冷落了秀枝才是。」阿美指了指一旁的秀枝。

「秀枝，對不起哦。來！來！來！我幫妳介紹，這是火旺，是阿宏同事，火旺，這是秀枝，是我們隔壁鄰居。」阿美幫秀枝與火旺介紹彼此。

「你好！我叫林秀枝。」長相相當清秀的秀枝，落落大方的伸出柔萁，反而是一直吵著要阿宏請女友幫忙牽線的火旺，表現得十分靦腆，半天說不出一句話來，脹紅了臉的火旺，好不容易才擠出一句「妳……妳……好，我……我……我叫火旺。」結結巴巴的緊張模樣，讓三人笑彎了腰。

「好了啦，既然大家都認識了，咱們就來去今晚的特別節目吧。」阿宏邊說，邊要阿美跨上機車後座。

「阿美，會不會危險啊？」秀枝也坐上火旺的車子。

「放心啦！很刺激的，妳只要雙手抱好就可以了啦。」阿美緊緊的摟著阿宏的腰，話才說完，阿宏就加足了油門，先在原地露了一手「拉孤輪」的絕技，前輪落地後，排氣管發出噗噗的巨響，只見機車像脫弦的箭一般，咻的朝路上飛奔而去。

「秀枝，別怕，我的技術一流的，妳抓牢就好，別怕哦。」見心上人秀枝雙手緊緊的纏繞著自己的腰間，隱約的感覺得出有些微微顫抖，又興奮又疼憐的火旺，連連安慰秀枝。由於前方早已不見阿宏與阿美的蹤影，火旺坐定後，右腳踩換變速檔，手把一扭也隨後追了上去。

※　※　※　※　※

「你看，黑狗還真準時。」阿宏低聲對火旺說。抵達了中台灣這處有名的飆車重地，兩人輕踩煞車，刻意放慢了速度，緩緩的接近人群聚集的現場。

「黑狗！没想到你手腳很快哦。」阿宏將車停在一名身穿黑色皮夾克的長髮年輕男子前，打了聲招呼。

「哎呀，阿宏，看你遲遲不來，我還在納悶中部第一戰將怎麼會臨陣脱逃呢，你們要是害怕，没關係，只要乖乖向大爺求饒就好，我不會到處宣傳你們是無卵的。」黑狗見了阿宏與火旺，馬上就奚落一番作為見面禮。

「幹！我跟阿宏干係吔青菜落跑的人嗎？告訴你，免大聲，等一下有你好看！好膽你就別走！」受不了揶揄的火旺，怒氣沖沖的向對方挑釁。

「火旺，別生氣，你若是生氣，就會中了黑狗的詭計，他的目的就是想激怒你，讓你在場上失去耐性，跑不出好成績。」儘管對方使出激將法，但多年來南征北討、戰功彪炳的阿宏，依舊保持冷靜。

「黑狗，那這次是賭多少？是五萬元的老規矩呢，還是你想再加碼？」阿宏問對方。

「好！還是你有氣魄，既然你先喊價，那我就不客氣了。我看，這次就玩大一點、刺激一點好了，咱們一隊各兩輛車，駕駛必須載馬子，至於彩金嘛，就賭十萬元好了。」黑狗開始提出條件，「從這裡飆到加油站，來回大概有三十公里，不管是哪輛車先到都可以，誰先到就算誰贏，你看如何？」

「好啊，誰怕誰！」阿宏一口答應。雙方在喊價的過程中，場外圍觀的人群早已亂成一團，負責場外插花的組頭，忙著接受賭單，雖然身經百戰的黑狗，在飆車界小有名氣，但群眾還是泰半押阿宏贏，因為比起黑狗，號稱中部第一戰將阿宏出道以來，幾乎未嚐敗績。

雙方談妥價碼後，各自跨上座騎，蓄勢待發，組頭吹起哨子，四輛重型機車引擎齊鳴，一溜煙就不見蹤影，奔馳的時速估計至少達一百五十公里以上。

※　※　※　※

起跑後，黑狗這一組的兩輛車，原還能與阿宏、火旺並駕齊驅，但經過幾個有著大彎道的路口後，黑狗已稍微落後。「阿宏！真的好刺激哦，要是我媽知道我今天不但蹺課，沒有去上夜校，甚至還跟你玩死亡飆車遊戲，怕不氣瘋了呢。」阿美將摟著阿宏的腰的雙手放開，興奮的開懷大笑。「好啦，妳別起肖了，萬一掉下去就慘了啦。希望今年再贏幾次，多存點錢，咱們倆就可以共組甜蜜的家庭，妳也可以幫我生一堆寶貝了。」專注騎車的阿宏，一面要阿美留意安全，一面在腦海中編織兩人世界的美夢。

相較於阿宏與阿美，火旺與單純的秀枝則反應大不同。「火旺，拜託你騎慢點，我好怕。」幾乎是縮在機車後座的秀枝，被從未體驗過的高速競飆嚇得臉色發白，身體不住的顫抖，兩手緊緊圈住火旺，哀求火旺減慢一些。

「免驚啦，秀枝，我的技術好得很。妳放心，已經跑了一半路程了，再忍耐一下，我們馬上就贏了，結束後，咱們跟阿宏、阿美去啤酒屋或卡拉OK慶祝一下。」火旺頻頻安慰初次參與飆車活動的秀枝。

距離終點僅剩五公里不到，再過幾個路口，比賽就要分出勝負了。原先落後一截的黑狗這一組，加足馬力追趕，眼看就快超越阿宏與火旺，阿宏見對手步步進逼，朝火旺大喊：「火旺！卡緊呢！剩沒多少啊。」火旺應了聲好，與阿宏雙雙猛加油門，兩輛機車的速度，快到肉眼幾乎都看不清楚了。

「越過下個路口，就是終點了！」「哇！我們穩贏了！」「爽！十萬元要落袋了！」興奮的阿宏、火旺與阿美興奮的忘情大叫，而秀枝則嚇得早已將頭整個埋在火旺強壯的背脊上。

就在此時，前方突然喇叭聲大作，還伴隨著兩道強烈又刺眼的燈光。吱！嘎！吱！嘎！看見眼前出現快速接近的龐然大物，阿宏與火旺趕緊踩下煞車，而那部砂石車的駕駛，也作出同樣的反應動作，無奈，雙方車速實在太快，只聽見一聲碰然巨響，三輛車已撞成一團，其中，機車還發生爆炸，迅速起火燃燒。

雖然經過這番巨烈衝擊，但畢竟是雞蛋碰石頭的場面，除了掉落一點漆，砂石車還是完好如初，司機則是頭部撞擊受傷，血流滿面的他，強忍傷痛下車查看，而在終點等待飆車結果的人群，聽見車禍的巨響，也紛紛湧至，眾人七手八腳的展開搶救行動，只見四名男女摩托車騎士，個個都全身是血、不省人事，接獲通報的一一九救護車，五分鐘不到就抵達案發現場，將五名傷者全數送往醫院救治，僅留下處理善後的交通警員，以及為這場飆車競速釀成悲劇，議論紛紛的人們。

※ ※ ※ ※ ※

沈睡了兩天兩夜的阿宏，睜開雙眼，發現自己躺在病床上，環顧四周，全是一片白色。「哎呀！好痛！」當他掙扎著想要爬起，不僅手腳不聽使喚，全身的骨頭也像是全部碎裂般，根本無法動彈。

「阿宏，佛祖保佑！你終於醒了。你別動，別起來，小心傷口裂開。」坐在一旁行軍椅上的一名老媼，見阿宏清醒，高興的雙手合十，向上蒼感謝不已。

「阿媽，妳怎麼來了？我昏迷多久了？阿美呢？還有火旺？秀枝？他們在哪裡？」阿宏看病房內只有自己和阿媽，未見三名友人的蹤影，不祥預兆湧上心頭，連忙追問三人的下落。

「乖孫哪，你先別管這麼多，兩天兩夜沒吃，你一定餓了。來！把這碗鱸魚湯喝了，不但補元氣，對傷口癒合也很有效。」老婦一手端著猶有餘温的魚湯，一手用湯匙要餵阿宏。

「不要啦！你先告訴我，阿美他們怎麼了？」憂心同伴安危的阿宏，根本吃不下、喝不下任何東西。

「好啦，我告訴你，但是，你要先答應我不可以太過激動才好。」擔心阿宏的病情受到影響，阿媽原來還想拖一陣子，再將結果告訴孫子，然而看到阿宏一臉焦急的模樣，阿媽也不忍再予隱瞞。

阿宏點了點頭，阿媽才開口：「火旺在出代誌的時候，就已經當場死亡，阿美跟秀枝則是受到重傷，兩人都和你一起被送來這家醫院。雖然醫護人員全力搶救，但秀枝仍然回天乏術、傷重不治了，而阿美目前還昏迷不醒，醫生伯說，她的腦部跟脊椎受創十分嚴重，可能會變成植物人。」

「什麼！妳說什麼？火旺死了？怎麼可能？那阿美呢？阿美現在在哪裡？阿媽！快帶我去看她好不好。」聽到自己最要好夥伴死亡的噩耗，還有自己心上人可能成為植物人的不幸，阿宏簡直要瘋了。

「宏仔，你現在著急也沒用，先把自己的病養好才是最要緊的，阿美吉人有天相，應該不會有事啦。」看見愛孫情緒幾近崩潰，阿媽心底陣陣抽痛，明知阿美情況不妙，但口頭上也只有撿好聽的說，以免阿宏掛念。

「不行，我一定要去看阿美，要不然，我根本沒心養傷。」阿宏掙扎著要從病床下來，但努力一陣，身體就是不聽使喚，阿媽看見這種情況，竟然嚎啕大哭起來，直嚷著：「金孫啊！嗲啦，金孫啊！嗲啦。」

對於阿媽的反應，阿宏原還有些個詫異，然而，當他掀開被單，赫然發現自己的一雙大腿以下，竟全都不見蹤影，這才恍然大悟自己也慘遭截肢的悲慘命運。對於自己下半生將與輪椅為伍，未來蒙上一層陰影，阿宏反而未再激動，更沒有大哭一場，腦海中一片茫然的他，除了悔恨自己為何要沈迷飆車，落得害了自己也害了別人的下場外，阿美變成植物人的可憐景象、火旺與秀枝這兩條年輕生命的悲慘死狀，一一浮現自己的眼前。

看著哭得幾近暈厥，口裡直唸：「我的孫仔，我怎麼對得起你地下的阿公與爸媽？我那會這麼歹命？」面對一心企盼自己能早日成家立業，好放下心頭重擔、頤養天年的白髮阿媽，阿宏無語問蒼天：

「今後，我該怎麼辦？」

楊子敬的話

甚麼時候開始有「飆車」？因無正式紀錄可稽，無從回答。

記得所謂之「飆車」起源於民國七十年代末期，由於電視台開始轉播體育節目，其中就有賽車節目，汽、機車都有。車子如飛疾駛，轉彎時，控制不好，差之毫釐就衝出路線外，或競相爭先，不小心，幾輛車稍一接觸，翻的翻，滾的滾，人亡車毀，觀眾也為之哀叫，好慘！好慘！但到最後冠軍產生，又是沖浴香檳，又是美女獻花送吻，更有巨額獎金可拿，真是迷煞了愛車族。正好年輕的一代，也開始擁有自己的愛車，不必向老爸「借我一下下」幾分鐘就要回來。這些朋友晚上下課或下班，無聊聚在一起，二話不說，談的是「賽車」、騎術等。這時候，可能有人就「技癢」，開始有模有樣的模仿，漸漸形成雛型，但苦無筆直、二三千公尺又平坦的場所，暢行無阻，好好表演。只有學學「金雞獨立」、「平躺駕車」、「蛇行」、「慢速」等騎術乾過癮。

機會來了。可能有眼尖的機車騎士看上了符合又直、又長、又平坦的北投「大度路」，記得當時「大度路」拓寬未久，雖然快慢車道分明，中央也有分隔島但很小。剛開始，騎士不多，因為慢車道無法騎快，快車道則有汽車，機車根本上不了路。窮則變，變則通，難不了這批少年的囉，他們就利用每月第二、四公休日（當時每月公休兩天）前一天星期六晚上午夜後，趁汽車少、警察稀少的短短一個小時（否則警察就來），偷偷的，一兩部機車，一對一賽快，從北投到關渡（因為關渡派出所在路邊，不敢從關渡起「飛」），比誰先到。

當開汽車的，對從車邊呼嘯而過之機車，也只好報以「好險，想死了！」埋怨警察睡到哪裡了之外也沒有甚麼反應。

防不到「微」，杜不了「漸」。就這樣，漸漸的掀起一股「飆車」熱潮。夏天台北市民，每到第一、二公休日，過了晚上十點就不約而同的，三三兩兩結伴，集結在北投大度路上。這時候「阿宏」之輩的騎士也來自各方，在附近廣場試車或調整油門，穿著極其簡陋，就是一般平時的服裝，有的還穿拖鞋。更奇怪的是汽車也非常配合，時間一到，停的停、看的看、改道的改道，將「快車道」讓給「超速慢車」，警察也難得不見，在眾多觀眾吆喝之下，飆起車來年輕騎士更是 high 到極點。飆車很自然的，形成為全民運動。

假使有人問我，台灣人何時最有默契？我當然毫無思索的回答，就是這個時候。

當時我在隔鄰的台北縣警察局當副局長。有一天，局長姚高橋先生看到報導問我有沒有看過飆車？我回答：有所聞但未目睹，他指示我：「飆車」之風，很快會吹到本縣，應調查台北縣何處適合「飆車」，先到大度路參觀參觀了解，然後研擬對策，聽到民怨再處理就太慢了，最後加了一句「不要被看出是警察」。

到現場看到就是阿宏、火旺等的賽車情形。但那時候機車上只有一人，不帶女生，也不賭錢，越演越烈的結果，後座有了美嬌娘，跑得快的也開始下注，也蔓延到台北縣、高屏地區、中部，各地區，只要有適合飆車的地區。更不幸的是因飆車而受傷或者死亡的案例也隨之增加，隨著飆車也變質了，不只比快，還比「狠」。原在旁吶喊助勢之民眾也看不過，起了批評的聲音，警察也展開大規模的取締行動，也遭受過飆車族包圍警察分局、交通隊的經驗。後來，連「汽車族」也不甘寂寞，在屏東縣水底寮附近筆直的戰備跑道，飆起愛車，湊起熱鬧。演變到今天，飆車改變傳統方式，成為流竄型，毫無忌憚破壞路邊車輛，攻擊正常行駛的車輛或行人，凸顯其惡行。成了嚴重的社會性問題，取締飆車也成為警察之新興勤務。

在日本廣島，飆車之風亦甚盛，稱之為「暴走族」，其形跡較台灣更惡劣，公然騎車將取締之單獨警察團團圍堵，加以污辱等等行為。因飆車並非凶極窮惡之罪，軟也不是，硬也不是，拿捏不定，使廣島警察束手無策，影響員警士氣，而「暴走族」也成了該地的治安問題。我的朋友竹花豐，兩年前接任該市警察本部長（警察局長），發覺事態嚴重，認為假使能將「暴走族」的氣燄削弱，則廣島市的治安事件將可減少近半。於是將「暴走族」對民眾之惡行、對警察之汙衊、「暴走族」本身之悲劇，拍成錄影帶，分別向市民播放，掀起全市民排斥，支持警察消除「暴走族」之認同。另一方面向所有員警播放，喚起全局員警之榮譽心與職責感。也播放給被取締之「暴走族」，使之了解其本身行為之危險性與不法，告之市民之唾棄，害己害人，苦口婆心勸導反省。終在市民支持、員警發憤、「暴走族」檢討收斂，多管道共同努力結果，「暴走族」消失，廣島市恢復往日的平靜。

竹花，於二〇〇三年八月，被東京都知事（市長）石原羅致為他的副市長，專責治安之改善。這是取締飆車，由市民、警察、飆車族共同努力而成功的案例，也可見依賴警察之單打獨鬥，是無法達到，民眾的支持配合更為重要。

何謂「飆車」？並沒有特定的標準，大概的說就是：多數輛，動力車輛（機、汽車），併排超速行駛，佔據供公眾使用之車道，妨礙往來於道路上車輛行車交通安全之行為。其中機車飆車族以血氣方剛之青少年居多，且騎機車是「肉包車」，不像汽車是「車包肉」，危險性極高。因此，為了保護青少年的安全，警察有下列防制青少年飆車之對策：

一、先期防制，剛柔並濟

強化「事前宣導，事中取締，事後輔導」之執法作為，靈活運用人、事、時、地、物等情資，取締現場飆車。執行要領如下：

1.威力巡邏：以巡邏車、重型機車等組成機動打擊車隊，警示燈全開，於飆車地區以最低時速巡邏，藉由警力展示之作為，威嚇飆車族群。

2.定點路檢：縮減車道，實施路檢勤務，盤詰過路可疑人、車，間接破壞飆車路段之完整性。

3.跟監尾隨：運用線上制服警力予以跟監蒐證，並適時實施圍捕；惟衝突性較高，危險性亦較大。

4.定點突破：針對飆車流竄行為，先期在適當地點集結便衣警力，運用制服巡邏警力衝散飆車族，輔以便衣警力跟監蒐證，適時實施圍捕。

5.口袋攔截：適用於固定路段之飆車行為，於飆車路段底，部署路檢警力，並在前方每個巷道口埋伏警力，當飆車族見警方路檢而從兩邊巷道逃逸時，埋伏之警力適時予以逮捕。

6.臨檢搜索：適切掌握民意、民氣，加強與各地方法院檢察署溝通、協調，事先申請搜索票，針對有飆車暴力前科或累犯、飆車嫌疑人住所及違法改裝業者，實施臨檢、搜索，先期防制。

7.蒐證事後法辦：便衣跟監蒐證，事後法辦較為安全，但無法立即遏止飆車暴力行為。

二、規劃勤務，全面防制

1.針對過去發生或可能發生之飆車狀況（定點飆車或流竄事飆車），研擬因應策略，妥適規劃勤務。

2.統合刑事、交通、保安警力，成立機動反應編組，以嚴正堅定的執法立場，消弭暴力。

3.加強規劃例假日（及其前夕）防範性勤務，動員內、外勤所有警力，全面防制。

4.對於可能發生飆車地區路段，由相鄰之警察局統合勤務規劃作為，加強情資互通、協同防制，立即反應。

三、掌握情資，約束制止

1.落實對列冊飆車與無照駕車青少年及其家長（或其監護人）之訪談約制。

2.對於青少年利用網站互通飆車資訊，予以先期掌握情資，期前疏處化解，並結合相關單位研擬有效防制策略與作為。

四、強勢取締，配套執行

1.加強取締擅自改裝機（汽）車規格者，並追查改裝業者相關責任及幕後有無教唆人（或有無聚賭情事），有效約制防範。

2.加強取締、勸離圍觀民眾，降低青少年飆車之興致與聲勢。

3.協調大眾傳播媒體，減少飆車活動之負面報導及渲染，以淡化飆車現象。

4.商請各級政府積極規劃、增闢適合青少年參與之各種競賽運動設施。

5.協請檢察官進駐警局指揮所，結合檢、警職權，密切配合，立即處理，以收嚇阻之效。

※　※　※　※　※

阿宏，今後怎麼辦？當然首先要下定決心，一輩子負起責任照顧你的心上人，為你變成植物人的阿美！對，還要照顧阿媽呢！世界上失去雙腿的殘障人士不少呀！何況你有坐在輪椅可從事的技能，政府也有照顧殘障者的福利制度。不可失望，勇敢的站起來！

等到心理平靜了，我，真的，希望你只要有「飆車」的場面，你就要再度出征，坐在輪椅上，讓「飆士」看看你，勸導他們：「看過我，再飆！」也許這樣是很殘酷，但假使因你的現身說法、呼籲之下，能遏阻一場場悲劇之發生或防制一條寶貴生命的喪失，這是功德無量，會活得更有意義，也可以告慰朋友火旺、秀枝在天之靈！

飆車盛行的原因很多，不諳法令也為其中之一，為讓飆車族了解，你造成的行為可能涉及甚麼違法，特條列於下，請參考：

▲對飆車者本人之處罰：

1.與多數人共同聚眾飆車／處罰依據：刑法一八五條公共危險罪；處

罰額度：五年以下有期徒刑、拘役或五百元以下罰金。

2.對執勤員警以衝撞、圍毆、擲石，不服取締而加以抗拒或妨害、侮辱執勤員警等情形／處罰依據：刑法第一三五條、一三六條及一四〇條之妨害或侮辱公務罪；處罰額度：三年以下有期徒刑、拘役或五百元以下罰金。

3.執勤員警已發布三次解散命令仍不解散／處罰依據：刑法第一四九條聚眾不解散罪；處罰額度：首謀者處三年以下有期徒刑、在場助勢之人處六個月以下有期徒刑、拘役或三百元以下罰金。

4.公然聚眾，霸佔道路，強迫公眾改道否則對其不利，足以影響公共秩序者／處罰依據：刑法第一四九條聚眾強暴脅迫罪；處罰額度：首謀者處六個月以上五年以下有期徒刑、在場助勢之人處一年以下有期徒刑、拘役或三百元以下罰金。

此外，飆車青少年除了從事飆車外，又同時攜帶刀械，可據槍砲彈藥刀械管理條例，依所攜帶之刀械處罰，最高可處七年以下有期徒刑；若飆車青少年觸法行為尚不是非常明顯，屬交通違規部分，則可據道路交通管理處罰條例，依無照駕駛、超速、闖紅燈、違規行駛等行為加以處罰。

▲對於飆車青少年家長之處罰：

1.飆車少年經少年法院裁定受保護處分或判刑之宣告／處罰依據：少年事件處理法第八十四條第一項；處罰額度：法定代理人需接受八小時以上五十小時以下之親職教育輔導。

2.製造噪音、妨害安寧不聽制止或深夜遊蕩、行跡可疑／處罰依據：社會秩序維護法第十條；處罰額度：對法定代理人或監護人處以罰鍰。

3.父母或法定代理人明知其飆車而不制止／處罰依據：兒童少年福利法第二十六條、第五十五條；處罰額度：對其父母處以一萬元以上五萬元以下之罰鍰。

4.提供機車無駕駛執照之青少年騎乘／處罰依據：道路交通管理處罰條例第二十三條；處罰額度：吊扣父母駕照三個月。

另飆車少年殺傷、打傷或造成他人身體、財產之損失，依民法關於侵權行為的規定，視實際造成之侵害程度認定之。

▲對在場圍觀助勢者之處罰：

1.在場圍觀而妨害員警取締飆車行為公務之執行／處罰依據：刑法第一三五條、一三六條及一四〇條之妨害或侮辱公務罪，處罰額度：三年以下有期徒刑、拘役或五百元下罰金。

2.圍觀者伴隨有賭博行為／處罰依據：刑法第二六六條賭博罪、刑法第二六八條聚眾賭博罪，刑法第二六六條，處一千元以下罰金；刑法第二六八條處三年以下有期徒刑。

3.圍觀者煽惑鼓勵他人飆車／處罰依據：刑法第一五三條煽惑他人犯罪或違背法令，處罰額度：二年以下有期徒刑、拘役或一千元以下罰金。

回頭人的話

針對追風少年，警察臨檢真的有用嗎？既有行照又有駕照，安全帽也戴了，警察又能如何呢？如果證照不全，真被抓到，少年們也是想盡辦法，希望警察可以趕快把罰單開好，然後就可以飆車一整夜。所以認真想想，「臨檢」好像是在做給上級看，做給媒體拍照用的。就算警察配備監視器，當真有用嗎？那也只是在少年犯了罪被抓之後，當做證物，屬於治標作為。對於這類的案件，似乎，應該是防患於未然，而不是一味的設障礙，讓少年兄覺得更刺激，更想要飆車。

在香港，警方就嚴格禁止改裝車上路，因為如果想要飆車，勢必要先將車輛加以改裝才行。如果能夠將台灣的法律修改一下，強制規定改裝車輛不准上路，那麼當警察臨檢時，拖吊車也在一旁待命，只要發現臨檢的車輛改裝過，或是一發動，引擎的聲音不對，馬上就請拖吊車拖吊，並吊扣證照，那麼也許就可以比較有效的遏止飆車行為。

第十篇 魂斷異鄉

※ ※ ※ ※ ※

「A.I.U.E.O! KA.KI.KU.KE.KO!」炎炎夏日，小玉端坐在客廳沙發上，隨著錄音機播放的日文字母發音，專心的用羅馬拼音唸著，而一心二用的她，一雙眼睛還死盯著電視播出的日劇不放。

「鈴……鈴……」，突然間，電話鈴聲響起，小玉拿起有著 Kitty 貓吊掛裝飾的話筒，原來是死黨愛佳打來的。

「喂，小玉，是我啦。妳家不是有訂《中日時報》嗎，妳趕快翻到第三十三版，我有個好消息要告訴妳。」愛佳語氣略顯激動的説。

「愛佳，到底是什麼事讓妳這麼興奮，難不成有木村拓哉的花邊新聞嗎？」小玉邊翻著報紙，邊消遣愛佳。

「哎呀，誰不知道木村拓哉是妳的偶像，我那敢跟妳搶，妳放心，我心儀的是竹野內豐，才看不上木村拓哉呢。好了啦，別說廢話，妳翻到三十三版了嗎？」愛佳問。「跟妳開玩笑的，千萬別介意哦，反正咱們各有所好，不會為了木村、竹野吃醋的啦。報紙找到了，妳說是什麼好消息。」兩個年輕女孩言談間，表現完全是一副標準的哈日族模樣。

「妳先瞧瞧報紙右下角的廣告，看到沒？就是那則免費赴日短期遊學的廣告？」愛佳要小玉翻閱廣告內容。

小玉仔細端詳，廣告內容大致是「竭誠歡迎台灣少女赴日本東京短期遊學，機票、食宿全免，但須打工折抵，工作性質為餐廳女侍或招待，每日工作時間約六小時，週休二日。」一向對東瀛充滿幻想的小玉，看了這則廣告有點心動，連忙問愛佳意願如何。

「小玉，妳也太沒默契了吧？就是因為廣告十分吸引人，我才會『好康道相報』。反正現在放暑假，閒閒沒事做，有這種一圓哈日夢的機會當然不願錯過，我是很想去啦，想看看妳的意思如何，如果妳也有興趣，那我們可以做伙來去。」愛佳說出心中的想法。

「當然好啦，妳想想看，咱們長這麼大，都還沒出過國，就像個土包子，如今碰上這個千載難逢的機會，怎能輕易放過？何況，我們一直對日本興趣十足，能走一趟不知該有多好，我們就先照上面記載的電話聯絡看看吧。」對於愛佳的提議，小玉非常贊同，決定先詢問刊登廣告的這家公關公司。

※ ※ ※ ※ ※

「您好，這裡是日本通公司，很高興為您服務。」電話通了後，話筒那頭響起一名中年女性的聲音。

「喂！您好，請問一下，我在報上看到你們公司登的廣告，內容真的屬實嗎？」小玉問道。

「小姐，妳放心，我們公司辦理赴日短期遊學，已經有好多年的經驗了。公司之所以會辦這種活動，主要目的除了想藉此協助促進中日兩國的國民外交，而且希望能讓台灣女性有深入瞭解日本民情風俗的機會。」小玉仔細的聆聽對方的解說。

「小姐，如果妳真有興趣，可以來我們公司看看，還有，這次活動名額有限，希望妳儘快決定，以免錯失良機。」在對方的努力遊說下，小玉決定和愛佳親自到日本通公司走一趟，問明了對方的地址後，兩人立即驅車前往一探。

儘管這家日本通公司門面不大，辦公室內只看到二、三名員工，而且裝潢非但不夠華麗，甚至有點普通，但公司職員出面接待時，表現得相當客氣，說話也十分誠懇，讓小玉和愛佳頗有好感，經過進一步解釋後，兩人已被對方的三寸不爛之舌給打動，敲定了這趟日本行。

而在出發前，公司還特別安排兩人上日語會話課，並學習應對進退的東洋禮儀，還免費幫她們辦理出國各項手續，讓小玉和愛佳更是信任對方，成天都在編織到新宿逛街、到箱根泡溫泉、到京都看櫻花、到北海道吃帝王蟹，甚至一親心目中偶像芳澤的美夢。半個月後，小玉和愛佳終於在公司職員的陪同下搭機來到日本，展開了令她們畢生難忘的旅程。

※　※　※　※

出了偌大的成田機場，一輛廂型車早已等候多時，公司職員和司機打了聲招呼後，即要小玉和愛佳上車，而車上還有一名中年婦人，也是來自台灣的她，向兩人自我介紹，要小玉與愛佳叫她紅姨。紅姨表示為了工作需要，在車上就幫兩人分別取了東洋味十足的名字，並以扒手眾多為由，要兩人將護照、簽證交給她保管，俟離日返台前再交還給兩人。

小玉和愛佳原以為工作地點應該就在東京市，詎料廂型車七彎八拐的走了好幾個小時，竟然來到偏僻的鄉下，小玉與愛佳下車後，心中感到十分奇怪，想問紅姨怎麼回事，不過，紅姨未理會兩人，與公司職員將兩人帶到一處貌似農舍的處所，紅姨敲了敲門，門內傳來低沈的男子聲音：「是誰？」

「是我啦，武田桑，快開門，又來了兩個女孩。」紅姨回答後，門呀的打開，一名理著平頭、戴墨鏡，滿臉橫肉、身材魁梧的男子出現在眼前。「唔，紅姨，這兩個女孩長得滿漂亮，身材也還不錯，十分符合日本男人的胃口，看來，她們應該可以幫我們賺到不少錢。」這名男子滿意的瞧了瞧小玉與愛佳。

小玉和愛佳聽見紅姨與這名男子的對話後，內心震驚不已，急忙拉著紅姨追問，詎料，原本面容還算慈祥和藹的紅姨，卻突然拉下臉來：「怎麼這麼囉嗦！妳們兩個別問那麼多，要妳們做什麼就做什麼，乖乖聽話，要不然，有妳們苦頭吃！」小玉和愛佳發現情況不對，連忙大喊救命。

啪！啪！兩記清脆的聲音響起，小玉和愛佳柔嫩的臉頰上，分別浮起了顏色紅紅的五指印。「八格野鹿！妳們兩個好大的膽，也不看看現在是在那裡，叫救命有什麼用？妳們兩個敢再亂喊亂叫，小心我叫山口組兄弟把妳們宰了，再丟到大海裡面餵魚！」故意把上衣撩起，炫耀背上富士山與日本海刺青圖案，並露出腰際一截手槍槍柄的武田，惡狠狠的瞪著兩名女孩，脅迫兩人就範。

聽到日本最大規模黑道幫派的名號，再看見武田兇神惡煞的模樣，單純的小玉和愛佳嚇得再也說不出話來，身軀不停的顫抖，淚水奪眶而出。武田用力的將兩人推進屋內，然後又賞了小玉和愛佳幾記耳光，見她們痛得東躲西閃，拚命告饒，這才罷手。

武田拿起一瓶清酒，牛飲般的灌下一大口，對著紅姨說道：「我先去聯絡店裡，通知客人來了兩個新鮮貨色，妳好好的看著她們，我會叫田中他們來看守，千萬別讓這兩棵搖錢樹跑掉，等一下辦完事回來，我要先『驗槍』。」「知道了，你去忙吧，我會特別留意的。」紅姨送武田離開後，叫保鑣將小玉與愛佳關到房間內。

「紅姨！拜託妳行行好，放我們走吧，只要我們能逃出去，一定會好好報答妳的。」「是啊，紅姨！看在大家都是台灣人的份上，妳就可憐可憐我們。」小玉和愛佳心知不妙，苦苦哀求紅姨放她們一馬。

「不是我不同情妳們，只是我也有我的苦衷，要是放妳們走，那武田非找我算帳不可，要知道武田可是個殺人不眨眼的狠角色呢。妳們放心，只要做三個月就好，時間一到，我們就會放妳們回家的。」一度臉色不佳的紅姨，態度稍稍有點軟化，但她還是不願放兩人走。

※　※　※　※　※

小玉和愛佳雖然極力抗拒，但仍敵不過身強體壯的保鑣，硬是被推進一間燈光陰暗的房間，兩人想到無法預知但絕對悲慘的未來，不禁抱頭痛哭。「好了，好了，別哭了，哭也沒用的。哪，把眼淚擦一擦。」茫然中，一隻手遞過來一包面紙，小玉和愛佳這才發現，房間內還有別人。

「妳……妳……是……妳是誰？」仍在抽搐的小玉，看著這名年齡和自己相仿的女孩問道。

「我叫麗花，跟妳們一樣是台灣來的。」麗花回答，「妳們一定也是被騙來的，我跟妳們講，武田他們都是一群十惡不赦的大壞蛋，他們把我們騙來的目的，就是到酒店陪日本人唱歌、喝酒、睡覺，如果不肯，妳們看看我的腿，被他們打得多慘。」麗花一面向兩人訴苦，一面拉起自己的裙子，露出被皮鞭抽得一條條青紫色的傷痕。

所謂親不親故鄉人，尤其是在異國遇難，看到同樣是台灣人的麗花，小玉和愛佳一口氣將被騙的過程傾吐出來。「我當初也是受到報紙廣告吸引，他們騙我說只要來日本跑單幫，幫忙帶些東西回台灣，那我的來回機票、食宿，都可以獲得免費招待，沒想到來此才發現上了賊船，後悔已來不及了。」麗花也毫無保留的說出受害經過。

「剛開始的時候，我也全力反抗，可是，他們看我不肯合作，竟然就動手毒打我，甚至不給我飯吃，我實在受不了，只有委曲求全。原來，我曾想逃跑，但是護照和證件全被他們扣著，身上又沒有錢，哪裡都去不了。而且，聽說有個女孩一直不肯配合，就算是被他們逼著吸毒好控制行動，但仍抵死不從，在我來的前一天，就被他們殺害了，武田他們在談論這件事的時候，我還在無意間聽到那個女孩的屍體，就埋在這幢房屋後面的樹林裡呢。」麗花訴說著在此間聽到的消息，「幾年前還有一個女孩，被他們逼迫接客，結果染上愛滋病，他們竟不聞不問，不但繼續逼她賣淫，還不准她看醫生，結果，這個女孩受不了，就上吊自殺了。」

聽到這些恐怖的情事，小玉和愛佳嚇得直哆嗦，不知如何是好。就在此時，屋外響起武田的聲音：「我回來了！紅姨，快把那兩個女孩送到我房間來陪我喝酒，等一下，我要先試試她們的味道如何，我的兄弟們也想親自調教調教，讓她們學習怎麼樣取悅客人，哈！哈！哈！」

「小玉！怎麼辦？我好怕。」「愛佳！我也是，誰來救救我們。」兩個女孩淚眼相對，唉！為什麼要相信那則騙死人不償命的廣告？面對即將到來的悲慘下場，小玉和愛佳不禁要問老天爺：

「**我該怎麼辦？**」

楊子敬的話

幾年前，報紙上剛剛出現「哈日」兩個字時，查了半天辭典，也查不出它的意義，不得已請教了年輕的秘書，他竟然敢冒對長官不禮之大不韙，哈哈大笑，就像前幾天，問年輕同事「0204小姐」是甚麼？她說：沒想到董事長那麼遜！經過秘書的一番解釋才知道，「哈日」是由台語轉變的喜好日本之意。今天只要年輕人，一提到日本 Kitty 貓、日劇、服飾、木村拓哉、竹野內豐、甚至 **AV** 的飯島愛……等，都能掀起「哈日族」的陣陣狂歡。對強烈「抗日」老人，真的不解，不知何時吹起這一股旋風，感慨無量。

「哈日」，本來並非壞事，只是過份便成了人性的「弱點」，被不法之徒釘上，換來災禍。小玉和愛佳，兩個天真無邪的哈日族，為一圓哈日夢，竟然落得「魂斷哈鄉」的下場。令人鼻酸、憐憫、嘆息！

為什麼這些大人，為了滿足某方面的慾望而做出摧殘戕害少女身心的事？小玉和愛佳，雖然哈日，從未到過日本，在人地生疏的地方，連話也不通，遇上了惡魔，弱小的兩少女哪來力量抗拒身強體壯、暴力化的保鑣？

那，是不是又要認了？沒錯，保命第一，哀求、哭泣、尖叫、自殺都是徒然，於事無補的。該等犯罪涉嫌人，既然能跨越台灣與日本之間且互有接應，很顯然的是一國際化組織犯罪集團。並且有固定藏匿處所，也有早就來自台灣的先客——麗花在，顯示該集團從事該不法活動已經有一段時間。又有保鑣，動輒打人，乃為暴力化，又自稱要叫山口組兄弟殺了，不管真假，這類賣春行為國內外都是相同，一定有幫派介入。先客——麗花，說得很清楚，因為抗拒，被動手毒打，不給飯吃。甚至比她先來的，抵死不從在麗花到之前一天被殺。因此，目前只有委曲求全一途。

今天，台灣、大陸兩岸之間也存在著類似的犯罪，從報導上經常看到許多的「大陸妹」在到台灣打工的招攬下，來到台灣從事的就是「賣春」，也有使用毒品控制意志及行動，致使不可自拔，任不法之徒宰割。甚至有警察主導的應召站之例。而當知道受騙後，也無可奈何，唯有承受。運氣好的被警察查獲，或經好心的嫖客代為報警獲救，送到「靖廬」等待遣送回大陸。所謂之「遣送」，說來簡單，做起來可不容易，政治因素作祟，要費很長時間。是故，有的大陸妹，長期「養尊處優」下要減肥，甚至在最近一次遣送的報導看到，懷孕挺著大肚子或背著「父不詳」小娃娃回大陸的辛酸、殘酷畫面。

這些結果，當然是屬兩岸或多國化組成之犯罪組織——「人蛇集團」的傑作，這一批「蛇頭」因在可憐的女孩身上投下一筆「成本」，相互交易牟利，大陸妹在蛇頭的眼裡只是一般一手交貨，一手交錢的「貨品」而已，根本未當「人」看待。至於，小玉和愛佳的情況也是相同的，從紅姨、武田等人看來與「貨品」是沒兩樣的。

小玉和愛佳也自責，為甚麼相信那騙死人不償命的廣告？這就是遭遇今天下場的主要原因。逝者已矣，來者可追，為防範類似案件之發生，檢視一下受騙的細節：

首先，看看心動的廣告內容，「竭誠歡迎台灣少女赴日本東京短期遊學……」，似是沒問題，但既然是公開的遊學，為甚麼強調「少女」？男生就不歡迎或根本就拒絕？那，生意不是少做了嗎？有這樣的業者？

接著，這也算是「招攬」的營業行為，然，不但不收任何費用，機票、食宿全免，那有這麼「好康」？它是政府機構或是慈善機構？沒錯，廣告後面接著是「但須打工折抵……，每日工作六小時……」，折抵是如何算，時薪多少？所得工資超過或少的話，要不要「退」、「補」？再怎麼樣應該要有一份契約，同意書等之類吧？再者，「每日工作六小時」，是分上、下午或連續，每天的時間所剩無幾，如何「遊學」？又，既然該公司已經有好多年的辦理遊學經驗，請公司提供前期人員案例、照片、名册等，供參考或直接拜訪請教經驗心得。

最要緊的，既然重點在「遊學」，為什麼自始至終未提到如何「遊學」？到甚麼學校？甚麼團體？或寄宿家庭？總是有一套辦法、進度吧？又萬一發生意外、病痛與誰聯繫，緊急聯絡人、電話、方式？

最後，出國求學是大事，有沒有告訴家長？家長是否同意，參與此舉，提供意見？有沒有與舉辦單位見過面？

小玉、愛佳實在太大意了。這些該查，該問，該明瞭，該作的功課，根本就沒有注意到，所以「痟貪淪雞籠」，將惹來失身之災禍。現在只有勇敢面對現實，與前輩「麗花」共同協力，設法脫離魔掌之前，先要儲備下列資訊，為逃逸或日後警察偵查之需：

1.將武田、紅姨等一夥人的名字綽號、面貌、身高、體型、刺青等特徵記牢。

2.將房屋內外樓層的顏色、形狀、隔間，及進出門、浴室、廚房等位置，與隔壁鄰居的距離、地理環境關係搞清楚。有機會儘量留下可留的「證據」，如指紋、頭髮等。

3.地址、電話號碼、交通條件。

4.乘外出時，記住附近醒目「地標」、方向、最近鄰居、車站、醫院、百貨公司、超級市場、警察單位。

5.了解該夥人作息習慣。

然後，靜伺機會，也許是外出、也許是武田喝醉、也許是風雨夜、也許是就醫、也許是地震……。確信有把握時，一絲不掛也不管，趕快跑，找路人、找商店、求助，「Ta Su Ke Te（救我）」一句就夠了。向嫖客求救也是好的辦法，但也要選擇熱心、中年、公務員或公司職員之輩為宜。

萬一必要攻擊對方時，務要盤算「機會只有一次」，針對人體，下體睪丸、眼珠、太陽穴、腹部等要害，在瞬間，奮力一擊，精、準、快、狠，然後急速逃離。而對男生佯裝口交，藉機狠狠咬一口，或藉撫摸，用力捏緊「睪丸」，奇效無比。趁泡茶將熱水向臉部潑灑，或手抓一把砂、石灰撒向眼睛也可製造脫身良機。

介紹一則大陸妹朱××、翁××兩人在福州市公園散步時被綁架強押偷渡來台賣淫未遂的案例供參考：

朱、翁二女與另三女，登岸後被安排在台中市一棟公寓十六樓，當日晚上有五、六名應召站業者命令渠等五名大陸女子脫光衣服，檢視身材，並表示將安排渠等準備從事賣淫工作，惟朱、翁二女拒絕脫衣服，朱、翁二女因畏懼從事賣淫工作，因此在該藏匿場所之廚房冰箱上及客廳茶几上分別取得刮鬍刀、剪刀後，至房間內翁女將自己之頭髮剃光、朱女則將自己之眉毛剃掉，至第二天中午二名應召站業者見朱、翁二女剃光眉毛、頭髮後，乃要求渠等準備戴假髮及畫眉毛，惟渠等不答應，至當日十七時另一名應召站業者仍勸導從事賣淫工作，惟朱、翁二女仍拒絕。

應召站業者見朱、翁堅持拒絕從事賣淫，且一旦強迫，唯恐衍生不良後果，因此，由一名應召站業者帶領外出，刻意製造機會讓渠等離去後，被警方緝獲。小玉、愛佳，舉一反三，試試看，或許妳們也有機會。

※　※　※　※

除非小玉、愛佳兩人不告而別，相信你們的家人，過了幾天看不到人或無音無訊，一定會掛心，著急設法找尋的。

但願，小玉、愛佳，曾經留下「日本通公司」的任何資料，讓警察有線索追蹤，很快安全的找回妳們回台灣，包括「麗花」及其他被害人。當然所有歹徒要一一繩之以法。並奉勸年輕「哈日」妹妹，以此為鑑，小心！家長更要小心！

回頭人的話

常在報章雜誌上看到一些被警方抓到的大陸妹，都口口聲聲的說：「我是被騙的！」真的那麼好騙嗎？如果換成是讀者你自己的話，會這麼輕易的就被騙了嗎？

真相或許是如此：買家也許就是應召站，船老大也許就是人蛇集團。通常人蛇集團一定會很坦白的告訴小姐們是要到某地從事「賣淫」，小姐們也都清清楚楚的知道自己的「前途」、「錢途」為何。否則的話，哪一個買家願意冒險在這個小姐身上做投資呢？光是從海峽的另一岸來到這一岸，每個人的船票就要人民幣兩萬多元，再加上一些有的沒有的支出，大概要花個新台幣十二、三萬才能夠買到一個小姐，如果來個落跑，來個報警，豈不是吃不完兜著走，自討苦吃嗎？不但小姐沒了，害了司機，也害了賓館裡的阿姨……這種「穩賠」的行業，有人要做嗎？別傻了！別被這些個小姐楚楚可憐的模樣，千篇一律的坎坷身世給迷惑了。

為什麼被抓到的大陸妹，個個都說是「被騙的受害者」呢？那當然是人蛇集團、應召站所謂之勤前教育出來的。理由是什麼呢？

一、少了妨礙風化罪，從被告馬上變為原告。

二、警方就不會逼問人蛇到底是誰，少說一些話，就多了一些自保的機會。

三、減輕回大陸的罪名，因為被抓到的對岸小姐依然會被遣送回去受刑的。

四、中國人的面子問題，回到了家鄉，一句話「被騙的」，還可以博得別人的同情。

一般應召站的做法是這樣的，他們會事先恐嚇小姐們，如果被抓又老實說內情的話，那麼將會對她的家人做出報復的行為。如果連「護送或看管的司機」也被抓，又向警察老實從招，那就更慘了！當然，應召站通常會讓司機帶兩支手機，讓警方無法在小姐和司機的手機上互相做個比對查證的工作，如果時間允許的話，司機們會趁著警察不注意的空檔拆毀手機裡的SIM卡，好讓警察查不出通聯紀錄。甚至於教司機和小姐們事先套招好，說是路邊載的，並套招好說出相同的上車地點……等脫罪的方法。

通常大陸妹被抓的時間，大多是在中午之後，因為她們是下午一點之後才開始上班，而台灣的法院往往是隔天才會審理此類案件。人蛇就依小姐們對警察的應對口供而有不同的應付方式。如果小姐們依計行事，那麼等到她們被送到靖廬等待遣返之時，人蛇集團就會假借送衣物給她的名義，在衣物之中塞個新台幣兩萬元或人民幣五千元，或給她一個電話號碼，讓她通知家人到某個地方提領這筆錢。為什麼呢？因為當她們回到大陸的時候，必須花這個金額才能夠被保釋出獄。

第十一篇 仙人跳

※ ※ ※ ※ ※

「志強啊！都幾點了，還不進房休息？拜託你早點睡，萬一明天上班遲到，可別怪我哦。」儘管老婆大人不斷催促，獨自窩在客廳沙發上看電視的志強，仍無起身的動靜，只是有氣無力的回了幾句：「好啦，好啦。玉玲，你睏了就先睡，別管我嘛。」然後，又繼續將目光移回螢光幕。

「不管你了啦，人家今天做了好多家事，累死人了，貝比又不肯安份，老是在肚子裡面拳打腳踢，搞得我腰痠背痛，我要先睡了。」玉玲見丈夫遲遲不肯進房，而自己又實在太累，不想浪費口水，因此未再説話，倒臥在温暖的席夢思床上就睡，不一會兒，就進入甜蜜的夢鄉。

由於玉玲懷有身孕，惟恐二手煙影響妻子與胎兒健康，最近都改到陽台上解癮的志強，見玉玲已在臥室就寢，終於可以大大方方的在客廳內吞雲吐霧，機不可失之下，志強連忙點了根煙，好好的享受一番。

志強一邊抽煙，一邊按著選台器，希望能挑個好一點的節目，只可惜頻道換了半天，沒有一樣是自己喜歡的，無聊之下，志強乾脆調到鎖碼頻道，瞧瞧妖精打架的戲碼。

螢光幕上，男女主角剝光了全身衣物，赤條條的正在做愛做的事，兩人激烈的肉搏動作，彷彿正在決鬥的野獸，火辣辣的畫面，讓志強看得目不轉睛、口乾舌燥，沒幾分鐘，竟然有了生理反應。

志強與玉玲結縭已近十年，雖然生活並不富裕，但在兩人辛勤打拚下，房子、銀子、車子樣樣不缺，唯一的遺憾即是膝下猶虛，直到五個月前，玉玲的肚子才傳出好消息。由於是中年得子，兩人格外重視，玉玲毫不猶豫的辭去做了十幾年的貿易公司秘書，在家中好好養胎待產，家計全由丈夫負擔，還好擔任電子公司小主管的志強，薪水尚稱豐厚，因此，日子過得不算辛苦。只是在為免影響胎兒的考量下，夫妻商議後決定採取禁慾措施，身為堂堂男子漢的志強，雖然難免有性的需求，但從醫生檢查後宣佈老婆懷孕那天起，志強迄今已當了五個月的「和尚」，苦不堪言的他，在無法強忍體內燃起的熊熊慾火時，只好自己偷偷的解決。然而，這種方法畢竟非男女交歡的愉悅所能比擬，對於女性奧妙的温軟香滑肉體，志強仍克制不住強烈的思念，尤其當每次夜半獨自看著鎖碼頻道的淫蕩節目，渴望更是如螻蟻般的在腦海與內心啃嚙。

年少輕狂時日，也曾一度風流，但婚後已成居家好男人的志強，雖然也曾萌生花錢召妓的念頭，但又恐接觸生張熟魏的煙花女子，有染患可怕性病的可能，因此均止於想像而已，遲遲未付諸行動。

今晚看到鎖碼頻道中播出的香艷鏡頭，再度激起志強強掩已久的慾望，亟需尋求發洩的他，原想進房與玉玲温存，但求歡可能不利胎兒發育的禁令，讓他不得不打了退堂鼓。

為了壓抑蠢蠢欲動的慾念，志強打開冰箱，喝了一大杯冰水稍稍降火，窮極無聊的他，忽然想起同事小魏述說的 PUB 艷遇情節，不禁有些心動。就在此時，客廳牆上的掛鐘發出報時聲響，原來已經是凌晨三點了，一早還得上班的志強，只好勉強自己不再胡思亂想，順手關燈，乖乖的上床睡覺。

※ ※ ※ ※ ※

「強哥！怎麼啦？為何一副無精打采的模樣？哎呀！你的兩個眼圈都

黑啦，昨天晚上是不是打拚得太過度了？小心哪，要吃也要顧性命哦。」辦公室內，早早就到公司上班的小魏，看見進門後正在打卡的志強精神不濟、呵欠連連，一向愛開玩笑的他，劈頭就說。

「小魏，你別開玩笑了，你明知道我老婆懷孕不方便，還這樣消遣我，算什麼好朋友、好同事，真是太不夠意思了！我是電視看得太晚，睡眠時間不足，才會這麼疲倦。」不甘心被揶揄的志強馬上回嘴。

「好啦，大哥，我跟你開玩笑的啦，你大人有大量，千萬別介意。不過我說啊，你還真可憐，這麼久不知肉味，心裡一定哈死女人了，不如今天晚上跟我去PUB消磨一番，順便找個美女替你消火，你意下如何？」小魏先是向志強賠罪，之後又再度提議下班後作伙去飲酒作樂。

「強哥，你放心，會到PUB的女孩都是良家婦女，我保證絕不是貓仔或落翅仔，那些女生要看對眼後，才會答應跟你續攤，否則，理都不理你呢。」小魏一再慫恿志強，「反正是兩情相悅，大家都抱著玩玩而已的心態，不必太過認真。如果你答應，咱們就一塊去，至於大嫂那兒，我會替你保守秘密，絕不會走露半點風聲的。」

一方面是拗不過小魏三番兩次的熱情邀約，一方面是自己確實相當心動，因此，志強警告小魏一定要替他守密後，敲定下班後隨小魏去PUB見識一番，説不定真有艷遇的可能。為了怕老婆起疑，志強還特別打了個電話回家，騙説要陪老闆跟公司客户應酬，由於志強婚後十分安份，玉玲也不疑有他，只叫志強不要喝太多，以免誤事。

※ ※ ※ ※ ※

台北市東區的一家面積不大的PUB內，在鋼琴師的現場伴奏下，駐唱女歌手正以低沈又略顯哀怨的歌聲，吟唱著動聽的西洋抒情歌曲，十幾張桌子大約只有半滿。「強哥，氣氛不錯吧？你看！吧枱那兒坐的幾個女孩，要臉蛋有臉蛋，説身材有身材，等一下喝完這杯酒，咱們一道過去找她們聊聊天。」坐在高腳椅上的小魏，喝著加了冰塊的威士忌，手還忙著隨著音樂在大腿上打拍子，一副十分享受的模樣。

「嗯，還真不賴，我大概已經有十年沒到過PUB了。」也端了一杯酒，慢慢啜飲的志強，對小魏的話頗為認同，而自己年輕時經常出入聲色場所，周旋在女人國間的風流韻事，一幕幕的湧上心頭。志強與小魏三杯下肚後，決定展開今晚最重要的計畫——獵艷行動，兩人仗著幾分酒意，向吧檯鎖定的目標靠近。

「小姐，我姓魏，叫魏立德，妳們叫我小魏就可以了。這是我的同事，他叫王志強，妳們可以稱呼他強哥，我們有這個榮幸請妳們喝杯酒嗎？」小魏向兩名女孩一一自我介紹。

「嘻，等了半天都沒人敢來搭訕，還以為今天的紳士都是膽小鬼呢。」兩名女孩表現得落落大方，一點也沒有因為小魏與志強的貿然攀談介意，「我叫芬妮，她叫雪兒，你們要請喝酒，當然再好也不過啦。」穿了一襲粉彩色低胸洋裝的芬妮，立刻答應兩人的請求，而T恤、牛仔褲輕鬆打扮的雪兒，也未拒絕。

「來，我們到那桌坐。」點好酒後，小魏提議大家找張空桌，好好的聊聊。會到PUB的男女，除了少數人是為了放鬆心情，享受飲酒、音樂的樂趣而來，泰半都是抱著醉翁之意不在酒的心態。四人坐定後，便扯開話匣子，天南地北、風花雪月的嗑起牙來。一陣閒聊後，彼此已不再陌生，四人還分成兩對，到舞池跳了幾支舞。

甚久未參加交際應酬的志強，原還有些生澀，不過，當他待了一段時間後，未幾即恢復昔日的神采風光，表現得較年輕他幾歲的小魏還來得high。兩名女孩中，個性活潑大方的芬妮，似乎與她特別相處得愉快，從雙方的交談中，志強得知芬妮出身富裕家庭，大學畢業後並未工作，自己雖獨自在外賃屋居住，但一切都還是由父母供養，志強和芬妮談得十分投機，也毫無保留的告訴對方自己的一切。

夜深了，店內響起費玉清的晚安曲，侍者也開始收拾桌椅杯盤的動作，藉此知會客人，PUB就要打烊了，志強與芬妮、小魏和雪兒，四人欲罷不能，就像是就要告別的情侶，那麼的依依不捨。

「強哥，我先走了，雪兒要我送她回家，我看那麼晚了，你就當芬妮的護花使者，陪她回去，免得危險。」小魏帶著雪兒告辭，臨走前，還偷偷的向志強眨眨眼，暗示他機不可失，要好自為之才是。志強哪會不懂，只是眼看時間太晚，擔心玉玲一個人在家，欲拒還留，實在是猶豫不決。

「強哥，你家老婆是不是很兇？沒有關係的，這麼晚回家，我還真怕碰到壞人，這樣好了，你就送我到家門口吧。」聽芬妮這麼說，志強也不好再拒絕，在店門外攔了部計程車，依照芬妮所說的住址行進，一路上，也不知芬妮是真的喝醉，還是故意裝醉，隨著計程車行駛時的路面顛簸或轉彎，芬妮老是將散發著淡淡香水味的身軀，緊緊的靠在志強的肩頭，嘴裡還不時發出慵懶的低吟，讓志強坐立難安。尤其當芬妮依偎在他懷裡，那件低胸的洋裝，根本遮掩不住她的火辣身材，春光乍現、曲線畢露，讓志強不由得心猿意馬，一隻手不知何時，已從芬妮的背後穿過，輕輕摟住她細細的腰肢。

二十分鐘後，計程車抵達芬妮的住處，志強付帳打發司機離去，見芬妮下車後搖搖晃晃的走著，險些要跌倒，趕緊上前攙扶，芬妮就趁勢倒在他身上，一雙水蛇般的手，雖緊緊的摟著志強不肯放，嘴裡卻還說著：「強哥，沒關係，我家已經到了，你回去吧，別管我了，你再不走，小心母老虎生氣哦。」

「不行，不行，看看妳，酒量不好就別喝這麼多嘛，來，我送你進家門，一定要看到妳安全了，我再走。」其實，自己也有點暈陶陶的志強，為了展現自己的男子氣概，硬是要送芬妮進到屋內。

「強哥，你真好，謝謝你哦，看你這樣，我想，不知道有多少女生會被你迷死。」被志強扶坐在沙發上的芬妮，不住向志強稱謝，並誇讚他一番。

「好了，既然妳沒事了，那我就告辭囉。」志強演完護花使者的角色，準備自行離去。「強哥，別那麼快走嘛，反正都已經這麼晚了，也不差這幾分鐘，我幫你沖杯咖啡解解酒吧。」不待志強回答，芬妮就逕自走入廚房，不一會兒，就端出用馬克杯盛裝的熱咖啡，「強哥，你先喝杯咖啡，我去換件衣服就出來。」

由於咖啡太燙，志強慢條斯理的啜飲著，香濃的咖啡才喝了幾口，芬妮就已走出房間，「強哥，你覺得我這件衣服好不好看？仔細看，不可以騙我哦。」志強凝神一瞧，頓覺全身發熱、面紅耳赤，端著咖啡杯的手不住的顫抖。原來，芬妮換了一件薄如蟬翼的銀白色睡衣，裡面則是未著寸縷，由於睡衣幾近透明，芬妮那姣好豐滿的肉體，可說是一覽無遺的呈現在志強的眼前。

芬妮見志強不說話，整個人僵在原地，竟趨身上前抱住志強，「強哥，我喜歡你，你好好。」芬妮吐氣如蘭，兩片紅唇輕啟，一對水汪汪的大眼仰望著志強，被此情此景迷惑的志強，腦海中一片空白，毫無自制能力的摟住芬妮，用力的吻著對方。

「芬妮，妳真美。」志強忘情的讚美芬妮，雙手則是不停的在對方的身上游移，此刻，獸性戰勝了理智，道德良知已被泯滅，結髮近十載的玉玲，早被「久旱逢甘霖」的他拋到九霄雲外。

※　※　※　※　※

咚！咚！咚！「快開門！快開門！聽到沒有？叫你們快開門，他媽的！要是再不開門，老子等下進來，非剝了你們的皮不可。」經過一夜的纏綿，疲累不堪的這對鴛鴦，睡得香甜無比，突然間，一陣急促的敲門聲響起，驚醒了志強和依偎在他懷中的芬妮。

「奇怪，是誰在敲門啊？怎麼這麼兇？」志強納悶不已，起先，還以為是不是警察臨檢，後來又想這是芬妮的住處，警察應該不會隨便到非公共場所查察。正在狐疑之際，志強忽然發現芬妮的臉色不太對勁，而敲門聲愈來愈急，門外人是三字經不斷，芬妮冒出一句：

「好像是我老公！」這句話就如同晴天霹靂般，讓志強頓時傻眼，整個人呆住，不知如何是好。「芬妮，妳結婚了？妳怎麼沒跟我說？外面的人是誰？真的是妳丈夫嗎？」敲門聲一聲大過一聲、罵聲一句比一句難聽，急得如熱鍋上的螞蟻的志強，不斷的追問芬妮，而早已花容失色的芬妮，只是拚命的搖頭，半句話也說不出口。

「唉，怎麼那麼倒楣？」亂了方寸的志強，喃喃的自言自語。

「唉，不管了，既然遇上了，反正逃也逃不了，醜媳婦總要見公婆，只有走一步算一步了。」志強思忖一陣，還是硬著頭皮開門。

「他媽的！你好大的膽子！敢勾引我老婆！你這個王八羔子！老子非跟你好好算帳。」大門才一打開，四、五名彪形大漢立刻衝入，為首的男子猶如兇神惡煞，往志強的胸口就是一拳，再對膝蓋補上一腳，打得還來不及開口的志強眼冒金星，痛得差點暈厥，原本在床上嚇得踡縮成一團的芬妮，見狀後馬上跳下床來，死命的拉住那個男人的胳臂。

「龍哥！對不起，請你饒了志強，都怪我，都是我不對。」芬妮替志強求情。龍哥聽見芬妮的話，更顯得怒不可遏，一個巴掌狠狠的掃過芬妮，她那美麗的臉龐，頓時浮出一個紅腫而又清晰的五指印。

「媽的×！妳這個臭婊子，妳是吃了熊心豹子膽，敢給我戴綠帽子！等會兒看我怎麼修理妳。」雖然僅有一夜情，但同樣被嚇得不知所措的志強，看見有肌膚之親的愛人被打，仍不免憐香惜玉，奮力掙脫兩名架著他的男子，衝上前叫道：

「龍哥，請您別再打人了，真的很對不起，我知道做錯了，請您高抬貴手，放我們一馬，只要您不計較，好漢做事好漢當，您提出任何條件我都答應。」

「喲，他媽的，你這小子倒是很有種，你自己到時候怎麼死的都不知道，還敢幫芬妮求情？我看，你是活得不耐煩了吧。」龍哥雖然還是一副盛氣凌人的模樣，但從他說話的語氣已溫和許多，可見，整件事似乎已有轉寰的餘地。

「龍哥，真的很對不起，您就別再生氣了，請您放過我和芬妮，我們下次再也不敢了。」志強打蛇隨棍上的繼續告饒。

「什麼！還有下次？媽的×！你還想搞我老婆啊？」聽到志強的解釋，龍哥音量再度提高。

「不是，不是啦，我真該死，對不起，是我說錯話了，請龍哥見諒，我是說我和您太太絕不會再有往來了。」「還敢有下次！」龍哥聽了志強的話，音量又再度提高。

「不是，不是，我真笨！是我一時緊張說錯話了，我是說，我保證我跟您太太再也不會來往了。」擔心對方再次發火，讓事情一發不可收拾，志強只有忍氣吞聲，忙著賠不是。

「好吧，看著你這小子還算有誠意的份上，這次我就先饒了你，不過，你剛才自己說，只要我開出任何條件，你都會接受，那你就拿個五百萬元出來當遮羞費，我就放過你跟這個賤人。」龍哥開出和解的條件。

「什麼！五百萬元！龍哥，您要的太多了吧？我怎麼付得起。」志強聽了對方提出的數額，嚇了一大跳。

「喲，你嫌多啊？那敢情好，錢我不要了可以吧，等下我就去警察局告你妨礙家庭，我看你怎麼跟你老婆解釋。」龍哥見志強不肯答應，威脅要循法律途徑解決。

「龍哥，求求您，千萬不要找警察，要是被我老婆知道，非跟我拚命不可，我是說，五百萬元對我來說，數目實在太大了，能不能請您高抬貴手，少拿一點？」志強苦苦哀求。

「你別囉嗦，我就是要五百萬元，一個子兒都不能少，要不，你自己看著辦吧。」龍哥依然十分堅決。志強見已無轉寰餘地，只有硬著頭皮答應了。在龍哥和其餘幾個彪形大漢的監視下，志強被迫寫下一張悔過書和一份和解書，對方囑咐他儘快付款後，才讓他離去。

由於時間已近中午，想到玉玲一定擔心不已，志強趕忙打了個電話回家，佯稱因為自己喝多了酒，老闆怕他回家路上出事，才叫他住了一晚旅館，「玉玲，妳放心，我很好，時間不早了，我就直接進辦公室了，下班就會回來。」志強背著老婆和別的女人鬼混，心中難免有些愧疚，如今，竟還被別人抓姦成雙，得付出五百萬元巨款才能解決，更是覺得對不起妻子，但是，既然事情發生了，又能怎麼辦呢？

兩天後，志強依照雙方的約定，偷偷的到郵局、銀行辦理定存單提前解約，將與妻子辛辛苦苦攢下的錢交給對方，拿回了悔過書與和解書，志強雖然心有不甘，但也只有抱著花錢消災，息事寧人，學個教訓的心態視之；並告誡自己絕對不可以再到外面拈花惹草。

然而，事情並未就此落幕，一週後，志強突然在辦公室接到一封掛號信，拆開一看，裡面竟然是一疊自己那晚與芬妮燕好的親熱照片，未幾，龍哥的電話隨即打來，對方聲稱自己手中還握有兩人的親密相片，甚至用針孔攝影機偷拍的錄影帶，要志強再拿三百萬元出來交換，否則，將把這些證據寄給玉玲，並四處散播，讓志強名譽掃地、無法做人。志強慌了手腳，不知如何是好，他向龍哥表示自己已無半點存款，根本無法滿足對方的需索，希望不要苦苦相逼，但龍哥不但提議叫志強把房屋、車子拿去抵押借貸，而且語氣堅定的限他十天內解決，否則後果由他自己承擔，讓志強是叫苦連天。

好不容易熬到下班鈴響，一個頭兩個大的志強，匆匆的開車回家，希望先好好理清頭緒，研究怎麼處理，詎料「福無雙至，禍不單行」，玉玲竟然發現定存單被提前解約，逼著志強追問發生什麼事，志強無奈，只好全盤托出，並請求玉玲原諒自己的一時錯誤。然而，身懷六甲的玉玲，乍聽先生非但背著她打野食，兩人多年積蓄也被對方勒索一空，急得暈厥過去，下體並大量出血。

志強連忙報請一一九出動救護車，火速將玉玲送往醫院急救，最後總算保住大人性命，然而兩人苦等近十年的愛情結晶，卻因小產不保。玉玲甦醒後，除了大哭大鬧一番，並提出離婚的要求，志強雖然跪著認錯，祈求妻子的原諒，但玉玲心意已決，兩人的婚姻已到了無法挽回的地步。

屋漏偏逢連夜雨，心情惡劣的志強，被玉玲趕出病房後，才走到醫院門口，龍哥又打電話來催他交款，眼看自己的一時糊塗，竟然落得家破人亡的地步，而這場外遇的後遺症還未解決，後悔不已而又痛苦不堪的他不禁要問：

「老天爺！我該怎麼辦？」

楊子敬的話

「老天爺！我該怎麼辦？」很明顯的，這是騙局，所謂之「仙人跳」。志強，有兩條路可選：一是私了，與對方和解。一為告訴，依法處理。私了，有私了的好處，就是將「事實」隱藏於暗中，以保聲譽，更可不讓太太知道，維持家庭祥和。但缺點是像志強所遭遇的，對方永遠吃定你，一而再，再而三，不斷勒索，成為歹徒的搖錢樹，加上因而要永續活在被要脅的恐懼與隨時曝光的隱憂中。

反之，法辦同樣有好處與缺點，一切依法處理，該負刑責就負，長痛不如短痛，一次可根本解決，何況這又是「騙局」，尚可將對方繩之以法，徹底剷除，杜絕後患，為絕對好處。當然因而事實曝光，太太知曉，家庭興波不說，本身聲譽受損，甚至影響社會活動，是為缺點。不過，以志強的現況來說，反正太太已經知道，也犧牲了多年難得的愛的結晶，何況龍哥又繼續勒索，根本就沒有甚麼好顧慮的，應該採取走法律途徑，趕緊趁「針孔錄影帶」未消磁前，報警偵查為上策，也許龍哥一夥施暴的經過「全都錄」成為有利證據、也許被勒索的錢還沒用完，可追回。

「仙人跳」，就是古時候的「美人計」，但兩者也不盡然相同，現代的犯罪目的為財，手法比較惡劣，且「女」性被害對象也逐漸浮出，不僅限於「男」生。至於，犯罪的手法一般多為：主謀者以「色、性」為餌設陷，使對方中計，趁兩造密室幽會之際，出現佯稱一方之配偶，糾眾以強暴脅迫方式，逼令對方交付財物。屬於「詐欺」之一，以「強暴脅迫」等為手段，當然因個案情節、行為不同，可能涉及「詐欺」、「恐嚇」、「妨害自由」、「傷害」、「強盜」、「槍砲彈藥刀械管制條例」等之不同刑責。

小鄭，為某校大三學生，家庭富裕，平時有自用轎車代步。有一天與同學小許，一同到地下舞廳跳舞，因醉翁之意不在酒，於是邊跳邊以獵艷目光，搜尋可「接觸」之對象。小鄭看中一妙齡女郎，邀她共舞幾支下來，兩人已經無話不談了，她自稱為「小玲」。

正巧，小玲男友金華的玩伴銘利也在場，他找的不是「色」而是「財」，注意到與小玲共舞的小鄭有錢，便起了歹念，於是打了電話給金華。告訴金華看到他的女朋友跟男的在跳舞，金華問是哪一個？銘利說是

「小玲」，金華因為女朋友很多，漠不關心的說管她跟誰跳？銘利說不是要管跟小玲跳舞的是誰，主要的是一起跳舞的男的有錢，開的是「JAG-UAR」，就賴他搶走你的女朋友，向他要錢。金華說：也不是我太太，銘利說，說是太太，狠狠敲他一筆……，好，等你電話，金華認為是好主意，同意了，交代銘利好好準備。

小鄭、小玲兩人，舞罷並不想分手，小玲提議去洗澡，就到了一家賓館休息。沒想到銘利一路跟著過來，問清楚他們倆投宿的房間後，打了電話給金華，告訴他一切就序，趕緊帶兩個小弟過來幫忙外，並叮嚀不要忘了帶照相機及錄影機。一會兒，金華帶來「阿祺」、「細漢」等人，到齊了也住進該賓館小鄭、小玲房間的斜對面房間，確定如何進行。計畫是：

——金華佯裝為小玲丈夫，恐嚇對方妨害家庭，並持玩具槍。

——銘利負責照相、錄影。

——細漢帶短刀。

——阿祺負責把風，兼假裝警察臨檢叫門。

一切商量好之後，即展開行動。小鄭、小玲兩人，正在飄飄欲仙之時，聽到警察臨檢，也不能逃避只有開門，但已經是嚇得魂不附體，接著一夥人衝進房間，關起門後，照相的照相、吆喝的吆喝、持刀的持刀、持槍的持槍，小鄭挨了幾拳，弄清楚原因，因從未遇到這麼嚴重場面，只有辯駁不知小玲為有夫之婦，偶然見面而且是第一次幽會，哀求原諒。

銘利，則替金華開口要遮羞費四百萬，在刀、槍、眾人威脅下只得答應，並簽下借據。但如何繳款？小鄭也繼續哀求看在他是學生，並無積蓄，銘利則要先將「JAGUAR」送典當換現，但在深夜走了好幾家當鋪也無法湊足現金，不得已之下，金華等也只好留下「JAGUAR」，放小鄭回家籌款。

回家後經不起家人質問，將經過一一說明，父親認為小鄭少不更事，除了學校外沒有其他顧慮，且歹徒可能還有其他行動，決定向警方報案。

警察分局接受報案後很快根據小鄭提供線索，將銘利等一一緝捕法辦，車子當然也追回，後來學校也記過了事。本案經台北地院判決：「×金華共同意圖為自己不法之所有，以恐嚇使人將本人之物交付未遂，處有期徒刑三年。」

小鄭是學生，社會關係全無，在顧慮少，又有家長協助出主意之下，所以處理起來比較單純。

志強，則有家有眷，有社會地位，與小鄭截然不同，各方顧慮要面面俱到，而隨社會地位愈高，顧慮面愈廣，處理難度更難，因此，易被不法之徒所乘。

志強，不妨請教小鄭父親，聽聽他的對付意見。

志強，不要忘了向玉玲賠不是，設法找回溫暖甜蜜的家，這更要快！

第十二篇 擄車勒贖

※ ※ ※ ※ ※

「老婆！兒子！快起床嘍，太陽都晒到屁股了啦。」一手拿著抹布，一手拿著水龍頭的阿輝，站在心愛的汽車旁，對著屋內大聲喊著，然而，半天沒人應聲。

「麗卿！小民！起床了啦，都幾點了還在睡，天氣那麼好，快起床幫我洗車，等會兒，咱們出去兜風。」阿輝拉高了音量，要老婆孩子別再賴床，起來幫他一把。

踡縮在温暖柔軟的彈簧床上，睡眼惺忪的麗卿，拿起床頭的鬧鐘一看，才早上七點不到。「吵什麼吵啊，老公，現在才幾點鐘，你就要我們起床，今天可是星期六呢，上了五天的班，我已經快累斃了。兒子天天上學、補習，也夠辛苦的，好不容易碰到假日，可以補補眠，拜託你讓我們多睡一會兒好嗎。」被先生吵醒的麗卿有氣無力的回了幾句，一邊說著一邊又將疲累的身軀躺回床上。

阿輝見妻子與兒子不肯起床，只好自己動手，替寶貝車子打理清潔。他先用水龍頭沖濕車身，拿著沾有清潔劑的抹布輕輕的擦拭，然後再將車體沖洗乾淨，就這樣重複了兩三遍後，才慢條斯理的替車子打蠟，細心的程度，就連車窗縫隙、輪胎鋼圈，也都一塵不染。

阿輝花了將近兩個小時的時間，總算洗好了愛車，工作完畢，整輛車在陽光下閃閃發亮，潔淨無比。阿輝將雙手背在背後，心滿意足的繞著轎車仔細打量，那種專注的神情，就像是在欣賞一件曠世藝術巨作，或是瞧著一名猶如維納斯般的無瑕女體。由於這部新車，是阿輝省吃儉用多時，將開了十幾年的老爺車淘汰，忍痛花了百餘萬元購得的名車，也難怪他會如此重視。

「老公，車洗好啦，我馬上去弄早餐，吃飽後，我們就去兜風。」不知何時起床的麗卿，突然出現在身旁，讓正好整以暇看著自己愛車的阿輝嚇了一跳。「我不想出去了，妳去做早餐吧，洗了兩個小時的車，真的是又餓又累。」阿輝說。「什麼，不出去了？你自己剛才說要載我們去兜風的，怎麼才一會兒就變卦了呢？」見老公忽然改變心意，準備吃完早餐後，跟老公、孩子一塊到郊外走走的麗卿，不解的問道。「我怕出去玩，路上風沙大，才剛洗乾淨的車子又泡湯了，我看，今天咱們還是在家看看電視，休息一下好了。」寶貝愛車的阿輝向老婆解釋。

「老爸，你怎麼可以說話不算話！」也已經起床的小民，看見爸媽站在門外說話，上前看個究竟，發現老爸竟然說不去兜風，立刻提出抗議：「老爸，人家本來還想多睡一會，可是媽說你要帶我們去兜風，硬把人家從床上拉起來，早知道你是騙我們的，我才不要起來呢。」

「小民，你爸是怕車子才洗好，出去走走又髒了，等於是白費力氣，才說要留在家裡。」見兒子有點不高興，麗卿趕緊替先生解釋。「兒子，你在家還可以寫些作業、溫習功課，如果出去兜風，我怕你會時間不夠。」阿輝也說道。

「老爸，我就知道你愛這部車比愛我們還多，我不管，我一定要去兜風，今天才禮拜六，明天還有時間寫功課，我想去烏來的內洞森林遊樂區走走，賞賞鳥、看看魚，還可以坐纜車到雲仙樂園，瞧一瞧瀑布，玩累了，再去吃那邊有名的竹筒飯跟清蒸鱒魚。」小民吵著。「對啊，老公，待在家裡好無聊喲，電視沒什麼好看的，咱們就照小民所說的，到烏來走走，順便可以泡個溫泉，想到都覺得好棒。」麗卿也在一旁幫腔。

拗不過老婆、孩子，阿輝心一橫，也只有答應了，三人吃過飯，立刻往烏來出發，展開歡樂假期之旅。

※　※　※　※　※

玩了一整天下來，疲累不堪的三人終於返抵家門，下車後，麗卿到廚房去張羅晚餐，小民則到浴室梳洗，而心疼愛車被一層灰塵覆蓋的阿輝，則又拿出抹布、水桶，將車子前前後後清理了一遍，確定車子已經鎖好後，這才回到屋內，準備享受老婆料理剛從烏來買回來的桂竹筍，順便小酌一杯，輕鬆一下。

酒足飯飽後，一家人又看了卷錄影帶，洗好澡，才上床休息。

由於前一日的烏來之旅實在太過盡興，第二天，阿輝足足睡到上午十點多才醒來，而妻子與兒子，則還在夢周公。阿輝起床的頭一件事，就是看看自己的愛車是否無恙，詎料打開家門後，赫然發現偌大的一輛轎車，竟然已不翼而飛，阿輝心中一驚，立即奪門而出，趕緊在住家附近查看，但搜尋半天，就是沒有自己愛車的蹤影。

「老婆！快起來，我的車子不見了！」三步併兩步跑回家的阿輝，著急的叫醒麗卿。「車子不見了？怎麼回事？你昨晚下車後，不是都鎖好了嗎？」聽到車子失蹤的消息，麗卿也急了，馬上換下睡衣，套上T恤及牛仔褲，追問先生車子怎麼會不見。

「唉，可別被人偷了，這部車子是剛買的呢，雖然有保險，但掉了我還是很心痛，是哪個王八蛋幹的，太可惡了。」阿輝生氣的說。「別說那麼多了，你先別急，先報警吧，或許，警察會幫我們找到。」麗卿見先生急得如熱鍋上的螞蟻，連忙勸慰一番。

「也只有如此了，妳跟小民在家，我到警察局去報案，希望能趕快找回來，我真怕小偷會不會已經把車子解體，廉價賣給不肖修車廠，甚至已經將車子送上船偷渡轉賣。」阿輝焦急的猜著。「你趕快去吧，我在家等等看有沒有消息。」麗卿回應。

兩個多小時後，阿輝坐計程車回到家，等候多時的麗卿與小民見了他，忙著上前詢問情況如何。「警察先生說會全力幫我找車，但是，他們也不敢講有十足把握，因為竊車集團實在太猖獗了，目前不論是機車或汽車，失竊率都高得嚇人，那些壞蛋得手後，馬上就採取北車南賣或南車北賣，甚至運往海外的方式銷贓，有的甚至與修理廠勾結，把車輛解體後，將零件分開銷售，查察十分不易。唉！我擔心找回來的機會不高。」阿輝掏出塞在褲袋內的報案三聯單，長長的嘆了一口氣。

「唉，就算是保險公司理賠，但理賠金額也還差我當初買車的車款一大截，真是的，車子才開了一個多月，怎麼會這麼倒楣？」阿輝不住的怨嘆，麗卿與小民也不知該安慰他些什麼，只能陪坐在一起唉聲嘆氣。

鈴……鈴……，電話鈴聲突然響起，「小民！接一下電話。」麗卿叫道。小民接起電話一聽，回過頭來說：「爸，找你的。」

奇怪，會是誰找我？阿輝十分納悶，想不透是誰打來的電話，難道警察已經有了好消息嗎？「喂，您好，我是張達輝，請問哪裡找？」阿輝問道。

「張先生嗎，你別管我是誰，你的汽車是不是×××號？告訴你，你的車子現在在我這裡，如果想拿回去，麻煩你匯二十萬元到××銀行×××的户頭裡，只要收到錢，我馬上就把車還給你，如果明天這個時候，我還沒有拿到錢，那你的車子會如何，我就不敢跟你保證囉。另外，我開的價碼很公道，你不必跟我討價還價，還有，我知道車子掉的時候，你可能已經報案了，不過沒有關係，只要你不說出付錢贖車就行，你要是讓我知道又向警察報案，那這個生意就不必做了。」對方表明要阿輝交錢贖車，而且不准報警後，不讓阿輝有提問的機會，立即將電話掛掉。

「老婆，我的車真的被偷了，剛才打電話的人說車子在他手上，要我拿二十萬元贖車，妳看我該怎麼辦？」阿輝徵詢麗卿的意見。

「不行，我絕不答應拿錢贖車，萬一對方是騙我們，佯稱車在他手上，錢拿到手後就逃之夭夭，車子還是找不回來，我們不虧大了？我看，還是先把這種情況告訴警察好了。」麗卿不贊同向歹徒妥協。

「可是，歹徒也已經挑明了，只要我們報案說有人用車勒贖，那就不必想車子下場如何了。」阿輝擔憂的表示。

「那贖金不能少一點嗎？二十萬元也不是小數目呢。」麗卿還是有點不甘心。

「唉，看歹徒說話的口氣，根本沒有商量的餘地，我看，咱們還是乖乖的付錢吧，只要車能拿得回來就好，就算是破財消災吧。麗卿。別忘了你爸爸養的那些賽鴿，上次被人家網走，對方不也是要錢嗎？結果岳父大人不肯答應，對方竟然就把名貴的賽鴿給宰殺吃了，那樣損失不是更慘？」阿輝反問。

「好啦，隨便你啦，既然你是一家之主，就由你做決定吧。」麗卿無奈的說。阿輝見老婆不再有意見，想想就當做是財去人安樂吧，禮拜一一早銀行開門後，就照著歹徒所說，將錢匯出。

※ ※ ※ ※ ※

當天下午，歹徒並未依約把車送還，反而又打了個電話給阿輝，表示那部車是名牌，自己當初價碼開得太低，同夥十分不悅，要他再叫車主加付十萬元，否則不願將車交回。阿輝聽了相當生氣，但也無可奈何，想想都已付了二十萬元，如果就這麼算了，那豈非財、車兩失，為了保住愛車，阿輝心不甘情不願的又匯了十萬元給對方，歹徒得手後，才告訴阿輝取車的地點，要他自己去取。

阿輝聽到對方的指示後，連忙坐計程車過去，當他到達後，發現自己的愛車除了外觀有點髒兮兮的，以及一些微小擦撞痕跡，車身似乎沒有什麼損傷，心中大石總算放下一半。不過，等他發動引擎後，卻感覺聲音不大對勁，阿輝馬上將車子開回原廠檢查，才赫然發現裡面許多嶄新的零件，已被歹徒掉包成舊貨，氣得說不出話來。車廠技工告訴他，歹徒是識貨老手，拆掉的零件，幾乎都是最昂貴的，如果他的車子要回復原狀，必須花個五、六十萬元才成，阿輝聽了幾乎當場吐血。

付出三十萬元贖金已經夠嘔的了，哪知換回來的「肉票」，竟然已被偷天換日，得花更大把銀子恢復原貌，兩者相加，所費將近百萬元，已經快夠買一輛新車了，落得如此下場，回家怎麼交代？傷心難過不已的阿輝，不禁要問老天爺：

「**我該怎麼辦？**」

楊子敬的話

「擄車勒索」，好比「擄人勒贖」。人、車在歹徒控制之下，向家屬或車子要錢。手法雷同，但「車」沒有生命，被勒索之金額也不重，也有具體感受得到的物質價值，可盤算所受的損失為多少，心理上、經濟上壓力較低，雖然心有未甘，處理上無多大障礙。「人」則不然。因有生命，而且僅僅這麼一條，無可替代，無可復活的「親骨肉」，要的金額亦龐大，有時超越本身能力，自然心理上、經濟上所受壓力極重、極重，應付上便顯得牽三掛四的。

另介於「擄車勒索」與「擄人勒贖」之間的，就是「網鴿勒索」，「名鴿」影響「賽鴿」的結果巨深，因此，牠的價碼有的超過名車，勒索金額不亞於「人」，在多數勒索集團橫行之下，也帶來養鴿人之慘重損失。

竊車集團之犯罪手法，最先為將車輛竊取後，經解體以「零件」出售，或借屍還魂，進而裝上貨櫃走私大陸或東南亞地區。自八十八年起，改變以竊盜車輛為手段，達「恐嚇取財」目的之「竊車勒索」犯罪，成為一項新興犯案手法。其犯罪集團組織嚴密，利用「人頭帳户」與不易監聽的公共電話、儲值卡機、王八機等犯案，運用被害人唯恐愛車被破壞與贖款金額尚可接受的心理，進行恐嚇勒索，造成近年來汽車竊盜案件增加原因之一。

歹徒之犯案模式大致相同，多係利用假證件申請帳户及電話，或購買「人頭户」作為恐嚇取財指定匯款之用，而後竊取車輛進行恐嚇取財。犯罪者一般以三至五人為一集團，並有固定偷竊之車種，以BENZ、BMW、CAMRY、CEFIRO為主，偶爾有「怪手」、「山貓」等重機械車輛，視市場需要而變化。

該等竊車集團，由於分工細密，加以受限於金融及電信相關法令保障民眾權益之規定，無法迅速停止相關帳號之提款及取得相關通聯紀錄，偵辦較為困難。

該等竊車集團亦可分為：

一、亂槍打鳥型

找車上留有「對不起，暫停一下……。聯絡電話 092……」號碼之車輛，竊走後撥電話勒索。贖金三至五萬不等，給錢即刻還車，不給也無妨，開到沒油，棄置不管。

二、勒、竊合一型

竊車後勒索，贖金因車新舊不等，十至十五萬。成交則如約還車，要不到錢，即轉手出售。

三、惡劣型

就像「阿輝」遇到的，再三勒索後，猶不罷手，拆卸貴重零件始還車。

鑑於竊車勒索犯罪，嚴重威脅民眾財產安全，被害人人數眾多，分布範圍廣泛，破案率偏低，為民眾所詬病。為遏止此種猖獗情勢，警察採取的防範措施有：

一、勤務方面

1.分析轄區竊盜重點地區、型態、特性、手法及時段，訂定偵防策略，有效部署勤務，並運用協勤民力，加強巡邏、路檢、攔檢及埋伏勤務，提高「見警率」，以遏制竊盜犯罪。

2.組成專案小組，積極列管偵辦。由於該案件常涉及數單位轄區，各相關單位相互支援偵辦，以期迅速偵破，保障被害人權益。

3.選定各地區域重點治安顧慮場所、巷（弄）裝設錄影監視系統或紅外線照明感應燈以嚇阻犯罪，或於案發後，提供警方蒐證偵查資訊，加強偵防犯罪功能。

4.加強管理，典當業、中古車行、汽車保養廠、汽車零件商等，防制收贓。

二、成立專責小組

刑事警察局肅竊專責隊，負責偵辦竊車勒索案件，強力打擊流竄各地犯罪之竊盜集團，並支援重點警察局偵辦。

三、加強教育訓練

擴大辦理肅竊講習及教育訓練，有效提升員警偵查能力及技巧。

四、提高績效配分

比照重大刑案核分標準，專案提高偵破此類犯罪之配分，鼓勵員警積極偵辦。

五、研擬防制機制

針對歹徒利用金融帳户、電信機號申請便利，以人頭帳户犯罪，致使刑案偵查困難問題，警政署在行政院治安會議中，建議財政部、交通部研擬相關防制機制，如：對申請人捺印指紋、監視錄影存證等，請求業者對申請金融帳户、免付費電話及行動電話者，嚴加檢視與審核證件，以利事後追查偵辦。

根據警政署發表：九十一年計發生竊車勒索案一千三百二十三件，破獲四百七十七件，破獲率百分之三十六點零五。較八十九年發生七百二十八件，破獲八百七十一件（含破積案），發生增加五百九十五件，破獲減少三百九十四件。另八十九年六月一日至八十九年十二月三十一日以竊車勒索案件提報認定為流氓者四十九人，九十年計八十四人。可見警察採取嚴密的措施，並舉全國警察力量積極對抗該類案件。

朋友們，遭遇到像阿輝的情形，問我怎麼辦？我的回答千篇一律：趕緊報警，警察很重視竊車勒索案，不可以因為贖金尚可接受「花錢消災」心理妥協，更不可姑息養奸。你就乖乖的將愛車送修吧！好在你還投了全險。至於嗣後怎麼辦？要注意：

1. 車子要有庫，無庫則要租，不可省錢。
2. 視年份投全險，不可省。
3. 外出停車，找管理嚴密的停車場，不可大意。

4.停車時，找明亮、視線良好、裝監視系統的地方，不可選「死角」。

5.車上不可留「……通知電話09……」，停在停車場既安全又改善交通，利己利人，何樂而不為。

6.也可以裝防盜設備。

7.參考警察的防範措施，將車停在警察注意得到的地方是最聰明的車主。

以上，請參考，假使遺漏的請提醒一下。

阿輝！且慢，車子不要動！車上內外有歹徒留下的指紋等跡證，是破案的寶貴線索，好好保留現場，先交由警察勘察採證吧！不要急，不要亂摸。這個時刻，追緝竊車勒贖集團最根本。

回頭人的話

其實在絕大部分的犯罪行為中，都會扯到「金錢」，真的就是所謂的「人為財亡」。就因為扯到了金錢，為了輕易得到被害人的金錢，所以犯罪者就想到如何進行「轉帳」。既然要轉帳，就必須要有「户頭」的存在。也就是說，如果沒有了「户頭」，那麼想要進行犯罪，就難多了。

犯罪者，最喜歡的户頭就是「郵局」的户頭。為什麼呢？因為郵局是全國通儲，到處都可以領到錢。反之，想一想，要在台北市找個花蓮銀行，不是很容易吧！所以通常收買一個郵局的户頭大概需要一萬塊，而銀行的户頭只要幾千塊就可以。而一般的開設帳户是要經過本人親自處理，絕大部分都是知情，所以被騙的情形實在是有限，也就是說都是基於「貪財」而心甘情願被對方利用的。等到出了事，為了面子問題，為了減輕罪名，就統統推給「被騙」兩個字了。現在是什麼時代了，媒體如此的發達，真的還有那麼多的人傻傻的在等著被騙嗎？

很多事情想起來不難，做起來也還滿容易的，可是就卡在相關當局願不願意當機立斷、放手一搏，好好來個大清掃、大整頓。例如，執政當局能夠立法強制規定，每一個年滿十八歲的人，都要有一個郵局的帳户以便用來繳納各種稅賦的話，那麼也許就可以防止很多案件的發生。道理很簡單，因為郵局無法重複申請帳户，沒有了帳户，自然就無法轉帳。想想，如果犯罪行為被警方查到了，那麼勢必這個户頭要被封鎖，户頭總有用完的一天，為了避免沒有户頭可做為轉帳之用，於是只好到處刊登廣告，到處收買户頭。

以往有很多人在打開皮包拿錢出來的時候，不小心掉落了身分證或駕照等證件，所以我們常會在醫院的掛號或取藥的窗枱上，或在便利商店的櫃台前等地方，看到別人遺失的證件。這些個遺失的證件，如果被有心人士冒領的話，那麼換張相片，再到郵局辦個新户頭，實在是太容易了。因為郵局的辦事人員並沒有專業的辨識能力足以識破證件的真假。如果能夠立法規定或者是相關當局強制要求，所有遺失的重要證件必須由警察處理的話，相信可以減少一些不必要的犯罪。（例如拾獲者打電話請警察來收取並加以登記，只是如此一來必然會加重警察人員的工作勤務，但為了減少犯罪，也許真是值得這麼做的。）

如果地基的漏洞太多，再堅固的水壩也會崩塌潰堤的，非只破了大洞而已，看起來微不足道的小裂縫，必然釀成大禍，怎可不慎呢？

第十三篇 援交

※ ※ ※ ※ ※

儘管已是晚間七時許，但亞熱帶的夏季，只要没有風兒吹拂，夜裡依舊熱得要命。不過，高溫卻是阻擋不了那些視逛街為樂趣的人們，相招唱KTV、看電影、吃美食、血拚，甚至只是壓馬路打發時間的男男女女，讓台北市東區熱鬧無比，其中有兩名年僅十七、八歲的少女，也在其中。

「好熱啊！小米，走了那麼久，我們到××百貨公司的地下美食街吃碗冰，消消暑吧。」小雅向同伴提議。

「好啊，聽說那裡的冰便宜又大碗，咱們說走就走吧。」小米點頭稱好，不一會兒，兩人已在冰店坐定，大口享受夾雜著果粒、糖水的碎冰。

「小雅，剛才逛的那間服飾店，衣服真的不錯，只可惜太貴了，我身上帶的錢，大概只能買到一只衣袖而已，唉，什麼時候才能想買什麼就買什麼。」小米還在想著剛剛相中的那件黑色蕾絲洋裝。

「對啊，真的是太貴了，名牌衣服對我們來說，只是遙不可及的夢想，現在頂多到地攤買買成衣湊湊數。真希望早點工作賺錢，這樣不僅不用再向爸媽伸手，每個月領那少得可憐的零用錢，還可以自己支配，想買什麼就買什麼。」小雅附和著。

「不過說真的，那件黑色蕾絲洋裝真的很適合妳，妳的皮膚原本就白裡透紅，穿上那件衣服，比妮可基嫚還迷人呢，我看哪，妳的湯姆克魯斯很快就會出現嘍。」小雅說。

「好了啦，別作白日夢了，就憑我們兩個高職生，又不是什麼好學校畢業，更沒有大學文憑，出社會找工作，能有什麼機會？還不就是當當店員或接線生，那些工作薪水少得可以，一樣買不起名牌啦。」小米反潑了小雅一盆冷水。

「喂，妳靠近一點。」小雅要小米靠過來，壓低音量在小米耳邊說：「我跟妳講，妳知道隔壁班的那個周玉蘭吧？就是每天放學後到廁所換掉制服，穿上藏在書包裡漂亮衣服，總是愛拿名牌炫耀，還喜歡化妝的那個女生，我聽人家說，周玉蘭家境其實並不富有，能夠穿金戴銀，是因為她有在『賣』喲。」

「對啊，我也有聽說呢，可是，她出賣靈肉換取金錢，難道不怕人知道嗎?而且，陪那些臭男人睡覺，不但噁心，而且還可能懷孕，萬一肚子大了，怎麼做人哪？」小米回答。

「妳別老土了啦，她們在『賣』的，都有預先做好防範，不是自己吃避孕藥，就是準備了保險套，不可能懷孕的。而她做這種事的目的，就是為了錢，只要有花花綠綠的鈔票進帳，想怎樣就怎樣，根本不會在乎別人的閒言閒語，現在的社會笑貧不笑娼，有錢的是老大，如果有人願意滿足我的物質需求，讓我每天過得像個公主一樣的快樂，我想，也許我會考慮學她喲。」小雅說。

「可是我還是無法想像，要是我爸媽知道我做這種事，不狠狠的教訓我一頓才怪，甚至會和我斷絕關係，那不就慘了。」對於這種離經叛道的行為，小米還是有些遲疑。

「沒關係的啦，我還聽說有一種方式，就是上網站聊天室，有些人上網交朋友，只要妳肯陪他看看電影、吃吃飯，不必跟他上床，對方就會付你鐘點費，而且價碼還不錯，一小時至少有五、六百元，比起超商或速食店的時薪高出很多呢，如果我們每天做兩個小時，一個月起碼可以拿到兩、三萬塊，那樣就可以買不少名牌貨啦。」小雅慫恿著小米。

「真的嗎？只要陪他們聊聊天、看看電影、唱唱歌，不必出賣肉體就可以賺到錢？什麼樣的傻瓜會做這種事？如果真是這樣，我都有點心動呢。」小米原還排斥的意志開始動搖。

「我們交情這麼深，難道會騙妳不成？當然啦，這些無聊男子也不是光想跟妳說說話這麼簡單，有時候，還是得被他們摸摸小手、摟摟肩膀，不過，真的是僅此而已。如果你有興趣，那我就去打聽個清楚，可行的話，咱們倆就一塊做，妳看如何？」小雅見小米未再反對，於是徵詢小米的意見後，展開了網上交友藉機賺些零用錢的行動。

※ ※ ※ ※ ※

由於正值學校放暑假，兩人生活相當空閒，因此擇日不如撞日，小雅和小米離開冰店，立刻鑽進附近的一間網咖，隨便點了杯飲料後，就利用網咖內的電腦上網，到聊天室搜尋想要找臨時伴遊的寂寞網友，沒有多久，已有一大批的無聊男子被吸引而來，經過兩人的篩選後，各挑了一個對象，談好價碼並約好見面的時地，就這樣過起了陪網友打發時間還可賺點零用錢的日子。

所謂醉翁之意不在酒，這些上網尋找臨時伴遊的男子，必須付出一個小時五、六百元的代價，因此，絕不會只是唱唱歌、聊聊天或看看電影那麼簡單，他們在伴遊的過程中，難免會從這些女孩身上揩油，吃吃豆腐，儘管心中百般不願，但看在鈔票的份上，只要對方不要太過份，甚至進一步的要求，小雅和小米只有隱忍下來。

不過，這些網友形形色色，各式各樣的人都有，夜路走多了總會碰到鬼。小雅有次陪伴一名自稱是電腦工程師的客人，對方趁她上廁所時，將預先購買的強姦藥片 FM2 磨成粉末摻在可樂中，讓不知情的小雅喝了後不醒人事，就在 KTV 包廂內，小雅慘遭對方的蹂躪，失去童貞。

由於上網伴遊賺錢一事，小雅從頭到尾都瞞著父母，因此憾事發生後，她根本不敢告訴家人，而在害怕學校師長查知的情況下，也不敢到警察局報案，就只有向小米哭訴一番，尋求好友的安慰。

而小米的下場也好不到哪裡去，被一名面善心惡的網友以看風景為由，帶到陽明山擎天崗意圖不軌，幸好小米靈機一動，謊稱自己月事來不方便，對方雖信以為真，未予侵害，但仍上下其手一陣，將小米身上的財物洗劫一空，才將小米棄置在荒偏的山區，自行離去。同樣的，小米也是背著家人做這檔事，因此，也只能找小雅訴苦。

小雅與小米雖然都有過慘痛經驗，但並未因此打退堂鼓，主要是兩個月的暑假下來，陪人吃喝玩樂所賺的錢，讓兩人都成了小富婆，開學後，無論是吃的、穿的、用的，兩人大方、講究的程度，著實讓班上的同學欣羨不已，在虛榮心的作祟下，小雅和小米已深深的沈淪其中。

不過，伴遊的性質雖說是賣笑不賣身，然而在常人眼中，畢竟不是什麼光榮的事，因此小雅和小米還是刻意隱瞞，不讓人知道錢從何來的內幕，而兩人的父母為了維持生計，都必須外出工作，根本沒有時間留意孩子的變化，使得兩人的行為日益偏差。

※　※　※　※

「小米，我好想要LV的皮包哦，我那天在××廣場看到一個女明星，她手上掛的就是LV的包包，感覺真美，如果是我拿在手上，我敢說不僅不會比她差，而且咱們去逛街時，一定讓滿街的人羨慕死了。」小雅幻想著自己雍容華貴的模樣。不過，當她憶及自己的能力時，馬上就被拉回現實之中，「做了那麼久伴遊，才存了十萬元不到，買一個LV的皮包，錢就花得差不多了，唉，如果伴遊的錢多一點就好了。」

「小雅，妳該不會是想要做『那種』的吧？」小米見好友嫌錢太少，狐疑的問對方是否萌生更進一步的念頭。

「小米，妳想想看，我們當伴遊，一個小時才五、六百元，一個月算起來能有多少？真要買好東西，享受揮霍的樂趣，沒兩天就彈盡援絕了。我想，如果下海援交，兩個小時就有五、六千元，除了陪那些臭男人睡覺，其實工作性質跟伴遊也差不多嘛，我看乾脆咱們一塊改行好不好？」小雅反問。

「不行，不行，我現在當伴遊，已經很怕爸媽曉得了，如果膽敢做雞，被他們發現了，非打死我不可。不行，這種錢我不敢賺。」小米猛搖頭。

「好吧，隨便妳啦，那我自己先試試看，如果好的話，再『吃好道相報』。」小雅看小米不肯，未再勉強，而為了LV皮包，以及其他更高級的享受，擋不住誘惑的小雅，決定自己先試試。

一個月後，小雅果真利用援交賺了不少錢，多金的她出手之闊綽，令小米瞠目結舌，儘管小米的穿著打扮，已非同儕所能比擬，但與小雅相較，卻顯得如此寒酸，小米不禁打心眼裡妒嫉起小雅來。

「我長得又不比她差，如果是我下海，相信那些臭男人都會拜倒在我的石榴裙下，賺的錢一定比她多好幾倍才是，看她那麼囂張，我真不服氣。」雖然對方是自己的好友，但個性一向不服輸的小米，見到小雅拉風的模樣，心裡還是酸溜溜的。

「好吧！就這麼辦。反正我已經被壞人騙過了，援交也沒什麼了不起，做就做吧。」為了賭一口氣，也為了更好的物質享受，小米心一橫，也決定下海。

又過了一個月，步上小雅後塵的小米，也同樣抖了起來，表現得儼然是一個富家女。不過，物質的享受雖然得到充分滿足，但心靈上卻是無比空虛，重修舊好的兩人聚會閒聊時，總是避而不談目前的處境，兩人心中唯一共同的想法，就是等賺夠了錢，得趕快脫離這個讓人墮落的環境。

※ ※ ※ ※ ※

一晚，小米和一名網友在賓館交易，雙方正在辦事，詎料，警察恰好來臨檢，兩人雖然找出各種名目企圖脫罪，但仍瞞不過執法者像老鷹般銳利的眼睛，雙雙被帶回警局查辦。小米的父母聞訊趕來，見到用衣服包裹著頭部，不敢以真面目示人的小米，兩人原還不相信自己所聽到的，等到警察拿出確切的罪證，小米的爸媽才恍然大悟，小米的媽媽只是一味的掩面哭泣，不停的責怪自己沒把女兒教好，而怒不可遏的小米父親，除了痛加斥責，狠狠的賞了小米兩耳光外，還直嚷著要和敗壞門風的小米斷絕父女關係。

全案移送法院覆訊後，尚未成年的小米，被強制送往××博愛院收容，而援交期間的複雜男女關係，小米還被檢查出罹患性病而不自知，幸好發現得早，否則一旦病情惡化，很可能喪失生育能力。因為一步步的錯誤而自食惡果，小米不僅無法繼續學業，必須與社會隔絕一陣，漫長人生已蒙上一層陰影。

小米在博愛院中接受矯治的第三天，突然有惡耗傳來，小雅被發現陳屍在一間旅館床上，身旁還留有數支針筒。原來，小雅在援交的過程中受客人引誘，染上嚴重的毒癮而無法自拔，最後終於香消玉殞，好友悲慘的際遇，令小米不敢置信。

仰望著天空，小米悔恨萬分，但又莫可奈何，想想小雅可憐的下場，以及自己不再亮麗的未來，小米不禁要問：

「我該怎麼辦？」

楊子敬的話

好幾年前，從南部北上第一次上電視接受訪問，記得是中視伍宗德編製的〈法網恢恢〉。錄完已經過了零時，最後一班火車早就開出，那時候交通不如現在二十四小時全天候，隨時可以有車坐。只好留下來，為了節省一點，就到後火車站找小旅社。路過南京西路圓環，突然一位妙齡女郎出現說：「先生，我錢包丟了，沒錢回嘉義，拜託帶我住一個晚上。」心想我也沒錢，而且被警察臨檢到的話，我這個兩線一的警察就完蛋了，不取締妳就好了，怎好帶女人住旅社？也不理，匆匆走過去。

當今天執筆時，腦海閃過昔日的這一幕，悟出了「援交」，她不就是援交的鼻祖嗎？援交，這個名詞據了解是來自日本「援助交際」。幾年前當日本泡沫經濟最盛之際，世界名牌蜂擁登陸，從嬰兒到老人級的，不分男女從頭到腳、從裡到外、有形到無形，各式各樣齊全，成為多數人追求之目標。尤其是少女，正是愛美麗，喜歡穿、喜歡戴、喜歡擦、喜歡塗、更喜歡玩的年齡。需要一大筆費用，非日常「零用錢」所能應付，又遇經濟泡沫化，不得已之下，少女們就主動找上中年公司職員搭訕，可陪伴聊天、交際交際，然後要一些「援助金」，補貼買喜歡的東西。逐漸演變為「少女賣春」，而隨「哈日風」吹襲了臺灣。

援交，可分為幾類：「網路援交」，利用網路資訊流通留言尋找芳客；「短訊援交」，利用管道獲取私人的資料，透過大哥大手機傳呼簡訊，「小標貼援交」，利用拉皮條的沿路汽機車貼標籤紙；「檳榔妹援交」，借用攤位便利掩飾，與尋芳客正面交易；「搭訕援交」，常見為西門町及信義計畫區主動尋找「怪叔叔」搭訕；「登報援交」，常見為個人按摩工作室，誘騙尋芳客上當洗劫錢財再放人等多類。但也有不從事性交易者，也有一些不是為了要錢的「純好玩」，聽說甚至有「倒貼」的，不知道是否可歸類為「援交」？

目前各大網站上最受歡迎的就是聊天室，也是布滿陷阱的地方。進入任一網站搜尋聊天室或色情聊天室，就有很多聊天室的網站出現，有些是不需要申請加入會員即可進入。進入後，可選擇聊天的對象加入陣容，也可等候別人的加入進入聊天。沒有年齡的限制，上至老人下至孩童，都可輕易偽裝自己的身分（年齡或性別），甚至網站也常掩人耳目，在進入聊天室前，通常都會為自己取一個暱稱（例如：貢丸等），幾乎無人使用真名。

進入聊天室的目的可分成幾種，一種是好玩，純聊天，一種是尋求一夜情，另一種則是作為犯罪的工具（性侵害或性交易），其聊天的文字內容，多為無意義，有的甚至肉麻入骨（色情網站），有一種是聲稱貼上自己本人的相片，待獵物上鉤後卻發現與實際相貌不同。目前還可透過視訊的方式面對面聊天，且可目睹對方的面貌、聲音、體態、動作，還可選擇喜歡的對象，如雙方感覺不錯，甚至可相約出遊，發生一夜情或性交易，此透過視訊的方式目前廣為流行。

陷入援交的原因，首先認為利用網路、短訊等，你看不到我，我也看不到你，真的見個面，事後也是揮揮手說 bye bye 了事，一切可在隱密中進行，存著神不知鬼不覺僥倖心理。其實這是錯誤的。現在各警察局設有專責的電腦犯罪偵防小組，二十四小時像巡邏車跑在大街小巷似的不斷監控網路，發覺可疑，立刻追查檢舉。

我們從各報可看到「援交妹」百態。

▲十七歲的高中女生，極需買電腦，因沒錢，加入援交，被警察取締後還擔心未籌足錢，無法買成電腦。

▲一位即將為人師表的女師範學生，為了湊出國留學費用及旅費，假裝「色妹妹」，上網援交賣身。

▲有的，在家族網站表示，「賣我的內褲及貼身衣物，賺取生活費，兩件以上不用郵資！」

可見她們當援交妹的動機，從過去的家庭清寒，補貼家用，籌措學費與生活費等，逐漸演變，有的為了買新上市的名貴手機，有的為了添購電腦設備，有的為了買 LV 皮包，有的為了瘦身美容，有的為了豐胸抽脂，有的為了付刷卡帳單，有的為了籌措出國旅費，更多的是為了吃喝玩樂。不是真正因清寒，而是為了物質享受或滿足虛榮，從事援交、伴遊、0204、應召等。

同時，因為援交標榜可不賣身，又不必在眾人面前拋頭露面，隱密性高，工作時間又短，好掌握，較容易瞞住家人，加以賺錢便捷，所以小米、小雅之輩的在校學生，藉「打工」之名，進行援交就不難，尤其是學校放暑假空檔期。「打工」，自食其力是好事，但也要想想，在這不景氣的時候，大人都為生活在掙扎，甚至有人自殺，天下那有哪麼「好康」的事輪到妳？如被「輕鬆打工　短期致富」、「免經驗　月入十萬」的廣告所惑，信以為真者，就未免太大意，唯有自食其果！

兒童及少年性交易防制條例第二十九條規定：「以廣告物、出版品、廣播、電視、電子訊號、電腦或其他媒體、散布、播送或刊登足以引誘、媒介、暗示、或其他促使為性交易之訊息者，處五年以下有期徒刑……」，是故，在網絡、報紙等，有關「性交易」的廣告，都是避重就輕，不小心就易於落入陷阱。

有人說，廣告內容不重要，重要的是如何說服對方願意下海。因此，面談時再以三寸不爛之舌，加以利誘。一個涉世未深之「妹妹」，怎受得了能言善道，胡吹亂蓋的老鳥利誘？

凡事，第一步最難跨越，但第二步、第三步就輕而易舉。小米、小雅，踏出錯誤的第一步後，接著的事當然就是悲劇！

「我該怎麼辦？」上段提過，小米、小雅未免太幼稚、太單純、也太虛榮，忘記學生的本份，學生，最主要的只有——用功讀書，至於穿好、帶好那是將來畢業後的事。不要笑我老古板，各守本份，社會才能和祥。

現在的青少年自主性雖高，但如果小米的家人即使再忙，對孩子也要稍稍留意，察言觀色，應該不難察覺孩子的轉變，例如：皮包內的東西、閃閃躲躲、支支吾吾的言行等等，可以看出異常的。不必要嚴厲的管教，但適當的提醒是不可免的。哎！大人總是後知後覺，為時已晚矣。

學校，應該知道社會的現況，警察單位也來過「春風專案」等協調事宜，共同防範暑假學生掉落「打工」陷阱蒙害，因此，應主動加強與家長聯繫，學校有何活動，有否輔導打工等等，切實維護學生之安全。

而最不可原諒的，就是那些昧著良心賺黑錢之業者及瞄準學生妹的大野狼，我遇到這些人，就問：假使是你的妹妹或是孩子，遭受到同樣的境遇，你有甚麼感想？你會贊成？反對？這些人大多低頭無語。

要自己的孩子好，更要他家的孩子好，不然，所有的孩子都壞，只有你孩子好，又有甚麼好處？不要以「別家孩子死未了」的心理，昧著良心做出摧殘青少年的傷天害理的行為。

所以，小米，安心療傷，心靈上的、肉體上的。然後重新出發，大大方方走上人生大道，不可灰心。

保護兒童及少年是各級政府的施政重點、社會的共同責任，也是家庭，所有大人，你、我、他不可推卸的責任。

回頭人的話

雖然媒體一再的強調，也一再的呼籲大家注意，但是援交的情形還是不斷的在進行。這些採取「援交」做為賺錢手段的當事者，通常是為了三種原因：有些是家庭真的出了問題，想要為家人幫點忙；有些是為了養小白臉；而絕大部分卻只是為了愛慕虛榮。她們大多是自願而非被迫走上這一條路的。當然了，如果走進應召站也同樣是會有相當的收入，但是這些個援交的當事者往往為了擺脫應召站的控制和阿姨們的剝削，於是常常利用網站的聊天室或在網咖刊登援交的廣告，例如利用網路透過天堂遊戲的寶物，賣成天幣再換成台幣等等。

一般而言，從事應召站行業者，為了避免涉及兒童性交易防治法，通常會在報紙上清清楚楚的標明著：徵求女公關，18歲以上……。至於在路上看到的小紙條或車窗上看到的小廣告，通常都是應召站的廣告，很少是援交的對象，這種情形業者往往擁有多線電話，但是接電話者卻幾乎都是同一個人。接電話者可以自稱是「小美」，然後再派出也是自稱「小美」的出場就行了。所以如果有心的話，只要多加注意，就可以發現接電話者與實際出場的聲音並不相同。

出場的人也相當的聰明，一見面的時候，常常會要對方出示「健保卡」，以便確定不是碰到條子。各位注意到了沒有？在報紙上看到被警察抓到的援交女郎往往都是一些恐龍妹。為什麼呢？因為漂亮的妹妹往往都是應召站在控制著，醜醜的女孩，應召站不要。而男人也真是的，不妨認真的想一想，如果對方女孩真是那麼好的話，真能輪到自己嗎？

第十四篇

呆人與白痴

※ ※ ※ ※ ※

「老公，阿洲的餐廳籌備得怎麼樣了？他不是説這個月中旬就要開張了嗎？三百萬元不是小數目，這個投資到底穩不穩啊，我還真有些擔心呢。」秀美問正在浴室洗澡的家華。

「快了啦，快了啦，妳放心好不好，日本料理目前正熱門，每家生意都好得不得了，阿洲估計只要半年不到，我們投資的三百萬元，絶對可以回本，之後，就都是純賺的啦。」家華一面用蓮蓬頭沖刷著塗滿香皂的身軀，一面回答。

「希望阿洲没有騙我們才好，如果餐廳真的賺錢，老公，你答應要送我的鑽戒，可不能再黄牛了喲，還有，帶我們到澳洲觀光旅遊的支票，也應該兑現了吧？小芬跟小強都很期待抱抱無尾熊，拍張照片留念哦。」雖然有點不放心，但秀美仍做著大把大把數鈔票的美夢。

「你跟小芬、小強講，今年農曆春節，我一定帶全家人到澳洲，老實說，我也很想到雪梨歌劇院一遊呢。只要餐廳賺到錢，你放一百二十個心，別說鑽戒不會飛掉的，我的老爺車也可以換嘍。」想到自己生平的第一筆投資，雖然餐廳都還沒有開幕，但對阿洲描述那種生意興隆的場面嚮往不已的家華，拍著胸脯向老婆提出保證。

「阿洲見多識廣，會想到開日本料理，一定有他的眼光和道理，即使不能大賺，應該也不至於賠錢，何況他跟我交情那麼深，有什麼問題，他一定會先通知我的。」對好友信心十足的家華，用浴巾擦拭著身體，神情輕鬆的吹著口哨。

「好了啦，趕快睡了，免得早上起不來，萬一上班遲到，小心老闆K你，你不是說下班以後，要到阿洲那裏，我明天送小芬跟小強上學後，還得去王太太跟許太太那兒交會錢呢。」秀美催促丈夫早點休息。

「老婆，妳好久沒給我抱抱了，小芬跟小強都已經睡了，我們來溫存溫存好嗎？」家華上床後，撫摸著秀美的頭髮，向老婆求歡。「別鬧了啦，上了一天班已經夠累的了，明天早上還有這麼多事情要辦，快睡覺啦，我想睡了，你要是還不想睡，自己到客廳看電視。」秀美拒絕老公的需索，將身體翻向床的另一側，碰了一鼻子灰的家華，只好悻悻然的倒頭睡下。

※ ※ ※ ※ ※

一心掛念著餐廳進度的家華，下了班後，立即驅車前往查看。「阿洲，差不多了吧？」家華進門後，見了正在指揮工人裝潢的阿洲就問。

「家華，是你啊，你快來瞧瞧。」阿洲見到家華，熱絡的打個招呼，並拉著家華到廚師料理食物的廚房參觀。「你看，這個設計不錯吧，廚師在裡面烤串燒、切沙西米，客人隔著透明玻璃看得一清二楚，不僅可以保證我們餐廳絕對清潔，而且還可以增進食慾，只要他們一高興，多點些菜，還怕鈔票不進來嗎。」阿洲努力的推銷餐廳的優點。

「阿洲，還是你行，我相信你的眼光，咱們的餐廳一定穩賺不賠。」家華打心裡讚賞。

「家華，人家說『兄弟同心，其利斷金』，咱們的前途一定是一片光明。你還沒吃晚飯吧？隔壁有家涮涮鍋，等一下，我們一起去吃個飯，喝喝小酒，順便聊一聊，你說好嗎？」阿洲邀家華共進晚餐。

「可是，秀美她們都還在等我呢。」想到家人在等他吃晚飯，對於阿洲的提議，家華一陣遲疑。

「不要緊，我馬上打電話給大嫂，讓她放你假，我有重要的事要找你談。」阿洲堅持家華留下。「那好吧，我們就去聊聊吧。」家華終於點頭。

涮涮鍋店裡，兩人一陣吃喝後，原本開開心心的阿洲，突然間心事重重的說：「家華，我們的餐廳還有十天就正式開幕了，有件事我必須跟你說，我們當初各投資的三百萬元可能不夠，得再加碼才行，否則，餐廳能不能及時營業，有點問題。」

「阿洲，六百萬元怎麼會不夠呢？你當初不是算得剛剛好嗎？」忽聞除非加碼投資，餐廳開張可能有變的消息，家華停下了筷子，連忙問道。

「家華，說來說去都怪我，原先也以為六百萬元絕對足夠，但是，餐廳的裝潢費貴得嚇人，比我估計的高出一倍有餘，而租金、押金、水電、員工薪水也都不能省，再加上魚肉蔬果的進貨金額不低，開幕前還要辦促銷活動，而且，我們的資金有部分得留作預備金，最後結算結果才發現，必須再投資大約五百萬元才夠。」阿洲解釋資金為何不足的原因。

「可是，三百萬元已經是我能拿出的極限了，你應該知道，我跟秀美的情況，我們兩個人的薪水，扣掉家用跟她的會款，所剩無幾，而銀行存款現在只剩幾千塊錢了，怎麼也擠不出錢來。」家華著急的說。

「家華，我知道你的處境，我也不想為難你，可是，眼看目前已是萬事俱備，只欠東風，如果不能加碼，讓餐廳如期開幕，我們的投資很可能會血本無歸，那多不划算？」阿洲表示。

「那我們該怎麼辦？」家華問道。

「唉，都是我不好，既然事情是因我而起，那就由我來承擔，我認識一位銀行經理，據他說，可以用信用貸款的方式，借給我們五百萬元，而且，不需要任何的抵押品。我看這樣好了，就用我的名義出面借貸，利息也由我自己負擔，你只要做我的保人好了，只要能渡過這個難關，讓餐廳照原定計畫開幕，我相信不僅很快就可以還掉這筆錢，而且，原來的投資也一定會回本、賺錢才是。」阿洲提出解決的辦法。

「阿洲，這樣不太好吧，萬一餐廳做得不理想，到時負債累累，我們豈不要跑路？」家華相當擔憂。

「家華，你要相信我，我們是這麼好的朋友，我怎麼會害你呢？你想想，做生意總是有些風險存在，如果不借錢應急，你捨得已經花下去的鈔票，全都付諸流水？」阿洲力勸家華，「你放心，既然是我出面借錢，到時候出了狀況，銀行找的是我，你有什麼不放心的呢？」

家華雖然百般不願，氣阿洲為何估算錯誤，但又無可奈何，擔心餐廳無法開幕，三百萬元的辛苦積蓄化為烏有，也不願與阿洲的多年交情，就這麼出現裂痕，只好硬著頭皮答應了。

第二天，家華向公司請了一天假，專程陪阿洲到銀行辦理信貸，將一切手續辦妥後，家華不忘提醒阿洲，千萬要謹慎行事，以免橫生枝節，兩人的辛苦就白費了。

※　※　※　※　※

家華疲累不堪的回到家，才一進門，就發現秀美坐在沙發上暗自啜泣，連忙上前詢問發生什麼事。原來，秀美跟的兩個三十萬元、五十萬元的會，在即將到期前，會頭王太太跟許太太竟然倒會，正等著會期結束，將錢轉作定存的秀美，最後一毛錢也拿不回來，怎能不傷心？

「太可惡了，怎麼可以吞人家的辛苦錢呢？秀美，妳沒有直接找王太太跟許太太要嗎？」家華聽見老婆的話，同樣是氣憤不已。

「唔……有啊，我當然馬上上門催討，可是，王太太跟許太太都是兩手一攤，說自己也被別人倒會，拿去還債都不夠了，沒辦法把錢給我。」秀美向丈夫哭訴。

「真是欺人太甚，秀美，妳先別難過了，我看，妳最好先聯絡那幾個也還沒標到會的會腳，大家商量一下，是不是聯合起來告王太太跟許太太詐欺，也許循法律途徑，可能還可以拿回一點錢。」家華給老婆出主意。

「唔……也只有這樣了。」秀美立刻拿起電話，一一的聯絡會腳。

※　※　※　※

九月中旬，外觀美輪美奐、東洋味十足的餐廳如期開幕，促銷活動期間，由於是賠本在做，根本沒有任何利潤，因此，生意還算不錯，讓家華與阿洲相當高興，只是半個月後，促銷活動結束，生意即大不如前，每天上門的客人，都只有小貓兩三隻，少得可憐的營業收入，連基本開銷都不夠。

倒楣的是，經濟也不景氣，外食客人減少，生意每下愈況，讓家華與阿洲傷透了腦筋，多次祭出促銷手段，可是再也引不起客人的興趣，無法開源，就只好採取裁員、減薪等節流的方式，無奈還是應付不了龐大的租金、水電、貸款利息等沈重負擔，最後，連想低價頂讓，都乏人問津，餐廳只有被迫關門。

老婆被人倒會，平白損失近百萬元，家華心中已是夠嘔，而投資三百萬元合開的餐廳，最後也認賠了事，辛苦多年的積蓄，轉瞬間化為泡影，讓家華整個人陷入低潮，每天都是一副失魂落魄的模樣，就連上班也是無精打采，老闆看了十分震怒，警告家華再不振作，就準備回家吃自己。

屋漏偏逢連夜雨，被人倒會、投資失敗，損失雖慘重，然至少還有個遮風避雨的房子，沒想到幾個月後，當初以信貸名義借給阿洲五百萬元的那家銀行，竟然找上門來要家華負責清償，家華雖然辯稱錢不是自己借的，但銀行債務部人員表示，阿洲在餐廳結束營業後不知去向，利息拖欠了許久，由於家華是連帶保證人，因此才會轉而向他催討。

家華發現代誌大條，趕忙聯絡阿洲，怎知這位自己最要好的朋友，就像是從地球上消失似的，再也沒有半點音訊，不負責任並棄好友於不顧，氣得家華頻頻跳腳。

由於連本帶利，須還給銀行五百多萬元，家華無力負擔，未幾，銀行法務部竟然向法院提起民事訴訟，不但將家華銀行户頭凍結，強制取走僅有的數千元存款，而且法院還判定家華以後每個月的薪水，銀行有權扣取三分之一。

更要命的是，家華和秀美的住處也被銀行查封，即將面臨拍賣的下場，夫妻倆難過的抱頭痛哭，想到還年幼的小芬與小強，以及未來的悲慘歲月，瀕臨絕境的家華與秀美不禁要問老天爺：

「**我該怎麼辦？**」

楊子敬的話

幾十年前，出納小姐將該月份薄薄的薪水袋送到辦公室，等我蓋章她還未走出室外，有一位長輩就在外面等，於是請了進來。哪想到，走到了面前未開口，他就跪下來，出生以來還沒有被跪地的經驗，何況是長輩，我趕快扶他起來，請坐在椅子上，看他眼淚直流，不是在辦公室的話，想一定嚎啕大哭，於是邊安撫，邊問甚麼事？答案就是要借錢。六十年代，為公務員薪水最菲薄的時期，又是家用最緊的時候，一向任何人借不到我的錢。我照樣拒絕，但長輩又跪下來，一再懇求只要三天，他一直看著我來不及收的薪水袋。看看沒有再拒絕的餘地，只有再三叮嚀只能借三天，然後兩千元不到的薪水一去，永未回來，怎麼要也要不回來。

聽了我的埋怨，一位世故深的前輩這麼說：一個人，會向警察借錢，表示他在外界已無週轉空間，而會伺機在發餉日找你，更是證明已走投無路，這筆錢不會回來的。另一位長官也勸我：只要你將錢借給朋友，就要覺悟當做濟助他，不要討，拿不回來是應該，萬一拿回來，算是撿到的。就這樣我也只好看破。這是我藏了很久的祕密，家人也不知道，也成為我此生借貸的哲學範本。

順便提一提，這輩子，唯一看過一次相，記得相士告誡我，絕對不能當與「財」有關的職務，否則會「犯官符」。對照自己的個性，覺得有道理，所以一直保持敬「財」而遠之的慎重態度，這是自知之明。

有一家公司，規模很大，準備創立新事業，因為別的公司經營狀況良好，多數人認為大有可為，一投資很快就可分佔市場。於是選了一位公司中公認最優秀之青年才俊，負責規劃，也為之破凍結人事原則，另請幾位新人，組成企劃小組，日以繼夜，從蒐集相關資訊、市場調查、客户訪問等，鉅細無遺，不厭其煩，一做再做，還到國外取經，並與老闆檢討無數次，眼看著快著手，但最後，老闆說的話是：「謝謝各位半年來的辛苦，因為回收期太長……。」整個規劃就打了句點。這是大企業家經營的慎重態度。

家華，再告訴你另一樁經驗。有一次，最好的朋友，看不過我寅吃卯糧的窘困，建議參加他的機車零件工廠，只要搭會，湊一點點資金投資即可。那時，公務員的生活極待改善，台灣經濟正在起飛之際，只要是正當生意，無不賺錢的。我不敢隨便答應，請教了許多人，在大家異口同聲贊成之下，毅然加入。剛開始真的定期可分紅，對生活改善確有所幫助，非常感謝他。但是時間稍久，問題也來了，最後就是關門大吉，好在投資不多，總算撈回本錢。究其原因就是該公司未隨著業績擴展，及時引進企業管理制度，一直是以土法煉鋼的方法經營，導致無法提升品質，影響業績。

後來，我退休轉到民營企業才了解到「經營」之難，也就是常聽到之一句：「狀元囝好生，生意囝歹生」，「創業維艱」，大小生意都是難做。

是否看過兩家同樣賣「豆花」的店？一家客人排隊排得好長好長，隔壁一家卻是門可羅雀，難得看到客人上門，還要將剩餘的「豆花」偷偷的送到遠遠的朋友家，請幫忙消化掉。路過的看了會覺得好奇怪，為甚麼差這麼多？其實道理很簡單，「口味」差那麼一點點。其中一家非常用心，除了每天要喝幾十家別人賣的豆花不說，自己做好的就先送給幾個人嘗試，而這些人又很憨厚，絕對講實話，不好就是不好，打死也不會說是好。另一家則不然，做完了就出去喝酒，漠不關心，既不注意自己的豆花品質如何，也不嘗試別家的口味有甚麼好，當然結果就是不同。

有一位友人說過：「嘸人會賺錢分你用。」「錢」再多，沒人嫌少，有辦法賺，自己都來不及賺了，怎麼會「幫你賺錢」？要你投資的，一般不是他資本不夠就是經驗、能力不足，或者是要利用你的技術、社會關係等長處，所以勸誡假使與人合夥做事，必須要完完全全參與經營，尤其明算帳，公司最重要的就是「帳目」，要看得到。否則乾脆以借貸方式，取得相當抵押「借錢」。他還勸，千萬不可替他人擔保借貸，否則就要有替他還債的準備。他說：他太太替小姨子擔保向銀行借款，起初因為生意不錯，倒相安無事，有一天，突然法院要查封住宅，查問之下才知道小姨子生意垮了，無力償還，銀行找上保證人。就這樣他的退休金賠盡還不足！

要你保的，非親即故，真的，很難說出「NO」，但當你拒絕不了，蓋下章，也許你的苦難日子便近了。從商，要狠心，看得開，因為「做生意，非賺即賠」，該賠就賠，少賠就是賺！但起碼要保住基本生活費呀！

有一位退休師長，在職的時候處事一板一眼，非常小心。有一天我去看他，他正在看股票行情，讓我楞了一下，心想老師怎麼會玩起股票？他笑笑，體會到我的疑惑，告訴我：因為無聊，師母為了回饋我辛苦一輩子，特別允許在五十萬範圍內玩股票，當做消遣。但，賺了可一直拗進去，賠了，五十萬為底，再多一毛，那是你的事！因此，在遵守該原則之下，小心翼翼，到目前賺了一百多萬。

哇，真的慶幸這位師長有這麼賢慧、度量寬宏的內助，更高興這位八股化的師長竟發了財，更對他的小心而堅守原則的股票玩法，佩服得五體投地。

「親兄弟明算帳」，不知道家華與阿洲的關係如何？創業之際，有否立具經營方式、店號、投資人人數、權利義務、分工、開會、審帳等企劃書之類？又你給了三百萬資金，有否取據？從籌備到倒閉之間，審查過幾次「帳」？你到過餐廳幾次關心？假使全無的話，未免太大意，自己毫不在意，給了阿洲可乘的機會，不倒閉也難，而且，該「三百萬」也因被輕易糟蹋，不甘心地在哭泣呢！

家華、秀美，生意垮了、積蓄沒了、會也被倒了、家也被查封，多年的辛苦全化為烏有，但是不要灰心，不要忘了，你們還有小芬、小強在！你們倆還年輕力壯，除了工作之外，下班還有氣力兼差或擺地攤呀，千萬不可找上「地下錢莊」，束緊褲帶，慢慢還債，向債權人表明「償債」決心。另外，請地方人士、民意代表或調解委員會，居間斡旋，債務能分期就分期，能折扣就折扣，先求減輕負擔，只要有誠意，一定會被接受。

被倒會部分，聯繫其他被害人告訴會首，能追討的就討。與阿洲的債權關係是算追加投資？或單純連帶保證人？當時有否立書備忘，現在雖然一時找不到，但不可忘了追討。最好委託律師循法律途徑清理，也可向法院申請破產，一切從「零」開始，為子女拉下身段，再拉！再拉！拉到底！

天，無絕人之路，只怕你不走。天，助自立自強者，只怕你不振。不要怨天尤人，若再無法看開，勸你翻翻賴東進寫的《乞丐囝仔》，參考一下。

第十五篇

金融卡盜領案

※ ※ ※ ※ ※

儘管下班尖峰時間的交通還是同樣的壅塞不堪，整條馬路就像一個超級停車場，想起明天開始難得的十月國慶三天連續假期，可以將辦公室的煩雜事務與人事傾軋暫時拋諸腦後，和妻小快快樂樂的一同出遊，難怪卡在車陣中動彈不得的世傑，今天未如往常般不奈，埋怨這、埋怨那，神情是一派輕鬆。車子走走停停，一個多小時後，家門終於在望。

世傑掏出鑰匙，才打開大門，廚房內飄出的陣陣飯菜香，已從他的鼻子直沖腦門。「哇！好香啊，小蓉，妳今天做了什麼好菜，怎麼這麼香？」世傑放下公事包，迫不及待的衝到廚房，瞧見小蓉正將炒菜鍋中的回鍋肉盛入盤中，而一旁的碗櫃上，還放著糖醋黃魚、蔭豉蚵、炒高麗菜和蕃茄蛋花湯。

看著這些色香味俱全的佳餚，飢腸轆轆的世傑見獵心喜，立即朝盤中伸出魔爪，想挾一顆鮮嫩多汁的蚵仔。「不准動！手都還沒洗，髒死人了，快去洗手洗臉，馬上就開飯了啦。」小蓉揮舞著手中的鏟子，一副作勢要打人的樣子，嚇得世傑趕忙將手縮回，口中還忙不迭的說：「好啦，好啦，我這就去了嘛，別這麼兇巴巴的。」

「汶汶！淳淳！吃飯囉。」洗好手，世傑一邊三步併兩步的朝餐廳走去，一邊叫著仍在房間寫功課的兒女。「哇！這麼香，這麼多好菜，我非得喝點小酒不可。」看著滿桌的佳餚，從酒櫃中取出一瓶陳年高粱，世傑一屁股坐在椅子上，嘖嘖的稱讚著老婆大人的手藝，而小蓉與汶汶、淳淳也分別坐下，一家四口和樂融融的享受美味的晚餐。

「小蓉啊，妳做菜的功夫真的越來越厲害了，比那些飯店大廚毫不遜色，我看哪，妳乾脆把幼稚園的工作辭掉，咱們開間餐廳好了。」世傑將滿滿一筷子的回鍋肉塞進嘴，咀嚼一陣吞嚥後，啜了口辛辣的陳高。「你別灌迷湯了，我這點手藝怎能上得了檯面？咱們快吃吧，吃完趕快洗碗、洗澡，電視也別看太久，今晚可要早點睡，別忘了明天一早，我們還得開車到台南呢。」小蓉催促著世傑，同時用湯匙分別舀了豆豉蚵給孩子。

「淳淳，明天我們就要到台南了，你不是早就想參觀赤崁樓、安平古堡、延平郡王祠、孔廟嗎？還有，汶汶不是也想參觀烏山頭水庫、七股鹽山、嚐一嚐正宗口味的鹹冰棒、鱔魚麵、棺材板嗎？」看著埋頭苦幹扒飯的兒女，還未啟程，世傑就迫不及待的替一對寶貝規劃遊玩的行程與景點。

由於即將展開難得的南台灣之旅，一家興致特別高昂，這頓晚飯吃得特別香，每樣菜幾乎都一掃而空。酒足飯飽後，世傑泡了杯茶，移步到客廳看看電視，兒女繼續進房讀書，而小蓉則將餐桌收拾乾淨後，到廚房清洗碗盤。

※ ※ ※ ※ ※

「老公，都已經快十一點了，別再看電視了，咱們明天一早就得出發，你要開那麼久的車，再不睡，怎麼有精神？」小蓉洗完澡後，用毛巾擦拭著頭髮，慢慢的走到客廳，催促著仍抱著電視不放的世傑上床休息。

「唉，HBO這部〈搶救雷恩大兵〉才演到一半，精彩好戲都在後頭，真捨不得錯過。好啦，我這就去睡了嘛，妳放一百二十個心，從台北開車到台南只要四個小時左右，不會累的啦。」世傑心不甘情不願的關掉電視，隨小蓉回到臥室休息。

「小蓉，妳真美。汶汶和淳淳都睡著了嗎？」看見穿著一襲半透明還鑲著蕾絲花邊的性感紗質睡衣的老婆，世傑一副色瞇瞇的樣子。「你問這個想幹嘛？我累了一整天了，你可別又想玩什麼花招，我可沒有精力奉陪。」面對世傑的需索，小蓉猛地翻了個身，背對著另一半，沒好氣的回答。碰了老婆大人的釘子，求愛未遂的世傑也只好打消慾念。

「對了，你身上帶的錢夠嗎？」尚未入眠的小蓉，突然想起旅費問題。「我皮夾裡面好像只剩三千多塊，不過沒關係，到時候再找自動提款機領好了。」世傑回答。

「飯店消費不是可以用卡嗎？那你把信用卡也帶上好了。」小蓉不提還好，一提到信用卡，就勾起世傑心中永遠的痛。「我對信用卡實在沒信心，還是用現金好了。」世傑意興闌珊的應道。

世傑之所以會對信用卡失去信心，是有原因的。對於這種現代人必備的塑膠貨幣，世傑起初也覺得十分便利，一度申辦了七張之多，但是，他先是發現信用卡的循環利率高得嚇人，只要稍稍延遲繳清帳單，應付金額加上滯納金就會如滾雪球般暴漲，就深感太不划算。其次，他有一回不慎遺失一張信用卡，被人撿到後四處盜刷，銀行不聽解釋，害他損失好幾萬塊，更倒楣的是，他的信用卡還曾在消費時被人盜錄製作偽卡，當他察覺時，面對的帳單已近五十萬元。

經歷這些慘痛的教訓，難怪世傑會對信用卡失去信心，一口氣將六張信用卡剪卡廢棄，僅保留一張附有買機票送保險的信用卡，以備不時之需。

小蓉見丈夫不願使用信用卡，也不再強人所難，將床頭燈關掉，希望好好的睡個覺，養精蓄銳俾應付這一趟南瀛行。

※　※　※　※　※

「老爸！老爸！我要在這尊大砲前拍張照留念。」站在安平古堡砲台前的淳淳，見到當年荷蘭人遺留的大砲，如獲至寶的要求世傑為他照相。「我也要！我也要！我們的歷史課本就有介紹這些古蹟，我要把這張相片帶去給同學看。」汶汶也吵要拍照。

「好、好，你們兩個人站在一起，爸爸幫你們拍。」看著一雙活潑的兒女，興奮異常的在景色優美的安平古堡瀏覽，世傑感到心滿意足。「老婆，妳要不要也來一起照張相啊？」世傑揚了揚手中的相機，要小蓉也留下到此一遊的紀念，不過，在一旁欣賞夕陽餘暉的小蓉卻搖了搖頭，示意讓兒女拍就好。

參觀完安平古堡後，天色已晚，玩了一整天，飢腸轆轆的一家人隨即找了家海鮮店，叫來滿桌的魚貝和蝦兵蟹將，大快朵頤一番。

「等下吃完，咱們再去逛沙卡里巴，到夜市嚐一嚐道地的台南美食如何？」世傑提議後，儘管滿桌的佳餚才吃了一半不到，腦中滿是台南擔仔麵、虱目魚肚粥等誘人美味的小蓉，顧不得維持淑女形象，和兩個孩子馬上放下手中的筷子，高舉雙手大聲叫好。

「對了，世傑，你身上的錢快不夠了吧，等一下要不要先去領點錢？」小蓉問道。「妳放心，等下逛完夜市，回飯店的路上會經過台南車站邊的無人銀行，到時候停一下，我下車提個一萬元。」世傑回答。

逛完了沙卡里巴，兩個大人、一對孩子肚子已吃到撐不下，身體也有些疲累，一家四口開著車回飯店休息，準備應付第二天的吃喝玩樂旅程。車子經過台南車站時，在世傑先前所說的無人銀行前停下，「你們等我一下，我去領個錢，很快就好了。」世傑打開車門，邊下車邊吩咐。

掏出皮夾內的金融卡，世傑先在無人銀行的入口處刷了一下，大門應聲開啟後，世傑再緩步進入，依照提款機的操作指示，將金融卡插入，按下密碼、提款金額後，十張千元大鈔立即從機器中吐出，世傑將鈔票放入皮夾收好，便離開銀行走回車內，載家人回飯店休息。

接下來的二天，一家四口按原定計畫到各個風景區，大夥玩得不亦樂乎，直到第三天的傍晚，才依依不捨的踏上歸途。回到台北後，大家又恢復正常作息，各自展開上班、上學的平日生活，但接下來的幾週，仍對這趟難忘的南台灣之旅回味不已。

※　※　※　※　※

「已經月初了，公司會計小姐應該已經把薪水匯到户頭了吧，等下下班後，得去領生活費交給小蓉。」手中的公事告一段落，利用空檔喘個氣的世傑，自言自語著。一抬頭，看到老總正好朝自己的方向走來，雖然明知對方應該是上洗手間，並非要找自己問話，但世傑還是立即正襟危坐，裝出一副埋首公務的勤勞模樣。好不容易熬到五點半，世傑將辦公桌清理完畢後，穿好外套，打了下班卡，拎著公事包就走，準備回到可愛的家。

路上交通，仍是慣常的塞，世傑等得不耐煩，決定第二天再去領錢，先回家團聚才重要。

一家人如往常般吃完了晚餐，分頭做自己的事，世傑端著茶杯到客廳，扭開電視，舒服的躺在沙發上看新聞。電視主播正好在播報：「本台消息，××銀行台南分行爆發盜領事件，歹徒涉嫌利用連續假期，在無人銀行裝設針孔攝影機，在民眾持金融卡提款時側錄密碼，再以之製作偽卡盜領存款，目前已知至少有十餘名被害人，損失估計高達新台幣五百多萬元，警方正調出銀行監視器畫面，全力緝捕歹徒中。」

世傑瞧見這條新聞，起初還不以為意，但沒一會兒，他突然想到全家人之前到台南旅遊時，自己也曾前往新聞中描述的××銀行台南分行提過錢，心中一驚，顧不得身上僅著短褲T恤，腳上套了雙涼鞋，跟還在廚房洗碗的小蓉說了聲去銀行查詢，便立刻奪門而出，跳上轎車急馳而去。

儘管自動提款機運作如常，但是，心急如焚的世傑，想要知道自己是否也成了歹徒下手目標，頻頻的抱怨「今天機器怎麼這麼慢？」好不容易，機器列出了清單，世傑連忙拿起審視，一看之下差點昏倒，存款餘額欄上竟然只剩六百七十三元，包括這個月的薪水，以及之前辛苦攢下的兩百四十多萬元，竟然全都不翼而飛。氣極敗壞的世傑，想要馬上查個清楚、問個明白，只不過，此刻夜深人靜，銀行早已打烊，他只好悻悻然的回家，並告訴小蓉這個壞消息。

第二天一早，徹夜輾轉難眠的世傑，打電話向公司請假後，拿著金融卡和存摺，在老婆的陪同下直奔銀行。詎料，當他們入內準備詢問時，銀行櫃台前已經是鬧哄哄的亂成一團，五、六名被歹徒以相同手法盜領存款的民眾，有的破口大罵不休，有的低頭流淚哭泣，銀行行員則在一旁安慰、解釋，並請他們先到警察局報案。

世傑發現，自己雖然受害最深，但至少本身還有工作、有收入，一些身分特殊的受害者更是處境堪憐，例如一名在台舉目無親的老兵，最近準備將近兩百萬元的畢生積蓄提出，攜回大陸老家度過餘生，竟然全被盜領一空，怎不老淚縱橫？還有，一位單親媽媽損失雖僅三十餘萬元，但平日以幫佣為生，必須獨立拉拔三個孩子的她，辛辛苦苦為孩子所存的教育費統統都沒了，怎不喊著要自殺？

世傑雖然寄予無限同情，但想想自己這兩百五十萬元，也花了近十年才存下，就這麼被歹徒盜走，真是心痛不已，和小蓉難過得低頭不語。

※ ※ ※ ※ ※

不幸中的大幸是，由於這件轟動社會的盜領案，從南到北，全台被害民眾高達二、三百人，損失金額高達三千多萬元，在輿論的龐大壓力下，主管機關財政部下令該銀行立即補償被害人，而檢警單位也加快偵辦腳步，在短短的一週內就宣布破案，逮捕了犯罪集團的好幾個成員。

根據調查，歹徒是利用無人銀行的門禁管制，將大門刷卡裝置調包，先取得被害人的發卡銀行卡號，再以暗藏在提款機旁的針孔攝影機，錄下被害人提領所按金融卡密碼，再據以製作偽卡，如此一來，就可大大方方的提領被害人戶頭內的存款。儘管銀行多半對每日提領金額設限，但只要被害人未能及時發覺，歹徒就能在一定期間內將錢全部領光。

對於巨款失而復得，世傑和小蓉自然是欣喜若狂，不過，對於未來要如何到銀行提錢，卻是大傷腦筋。如果每次都得拿著存摺，親自到銀行提領，必須配合銀行上班時間，比較可全天候二十四小時隨時提領的金融卡，顯得十分不便，但在「一朝被蛇咬，十年怕井繩」的前車之鑑下，又不敢隨便使用金融卡，世傑不禁要問：

「我該怎麼辦？」

楊子敬的話

十月十日，只要是中華民國的國民就忘不了是中華民國的國慶日，也是要掛國旗的日子。這一天，我在南部一帶走了一趟，過去滿地飄揚的國旗，只能在市、縣政府及少數單位才能看得到，沒有看到有住家插國旗的（慚愧，包括我家在內），好寂寞，心想是為了什麼？有些人不掛國旗還有一點說得過去，但國民黨黨員呢（慚愧，我也是）？回到台北市看到幾條大馬路插著國旗，安慰多了，但走進小街巷弄，又失望了，因為跟南部不相上下！

十月十日，原是我們驕傲的日子，現在好像已是遥遠的、被遺忘的日子，與任何日子並沒兩樣，甚至有些人，選為「犯罪」的好日子，正好很多機構放假，可趁空檔之際，大撈一票！我不是批評政治環境，而是感嘆昔日「盜亦有道」之日子不復在，道上也沒有甚麼禁忌存在了。在過去遇到過年、生日、國慶等好日子，不法之徒也要歇手慶祝的，因他們認為萬一在這種日子被警察逮捕，就要倒楣一輩子，怕觸楣頭。當然也與警察加強戒備，動彈不得有關。

世傑所遭遇的案件是宋仁照一夥人，利用十月十日，趁大家三天連續假期的空檔，忙於盜刷偷領台灣銀行客户存款，三天累計下來損失的金額，雖然不能與其他重大經濟案件相比，卻因發生在公營單位，涉及地區又廣闊，造成民眾極度恐慌。當然引起立法院之質詢，要治安、金融機關重視，有效防範。其實，該類案件早已在國外發生，幾年來也造成莫大的損失，甚至有些是國際性之組織犯罪集團參與。

世傑，算是好運，拜輿論壓力之賜，銀行很快表示承受一切損失，而能復得失款，真是幸運之至，感恩了！警察也迅速逮捕所有嫌犯，全案終告偵破，讓損失降到最低。但是帶給社會的，如同世傑感受的不安——今後金融卡如何使用？

首先來了解他們的犯罪手法，到目前有：

一、側錄密碼，製作僞卡盜領：

將複製紀錄器找機會偷偷安裝於銀行安全門上的讀卡機上，複製進出大門刷卡人之卡片磁帶資料，並在自動櫃員機上假裝保養機器，偷偷裝上針孔攝影機，以攝錄提款人所按提款密碼，或利用自動櫃員機輸入數字密碼時，不同數字發出不同音頻原理，解頻器破解提款人輸入的密碼，然後製作偽卡，盜領受害者的存款。

例如：男子鄒××等三人因缺錢花用，涉嫌於九十一年九月間至三重市購買門禁側錄器、燒錄器及攝影機等，學會操作之後，自九十一年九月十四日起至十月十三日止，分別在高雄市、新營、嘉義、員林、桃園等金融單位的自動櫃員機，將側錄器貼在入口處，門口並貼上「刷卡開門」等字樣，再把針孔攝影機裝在付款機左上方，側錄客户提款時所按密碼。三人將側錄結果解碼後，再偽造提款卡，盜領被害人存款達一百多萬元，同年十一月十二日被警察在台中市查獲。

二、假自動櫃員機側錄提款者金融卡密碼，製作僞卡盜領：

例如：九十一年清明節連續三天假期結束後，台北市爆發多家銀行客户存款被盜領案，有七、八家銀行發現，歹徒利用偽造金融卡，跨行盜領存户的存款，光是台灣銀行就有十四位客户，在沒有遺失金融卡的情況下，被盜領兩百多萬元。由於歹徒是利用偽造的金融卡，跨行盜領，銀行懷疑是假自動櫃員機側錄手法案件。

《紐約時報》在九十二年八月份也報導一起美國有史以來最大的自動櫃員機盜領案件。罪嫌從八十九年起在紐約、波士頓地區裝設假的自動櫃員機，當持卡人欲提款時就被側錄，有二萬一千人受害，盜領金額高達三百五十萬美元，相當於台幣一億二千萬元。（見九十二年十月十四日《中國時報》）

三、勾結銀行行員，內神通外鬼：

例如：台北市警局於九十二年二月六日破獲一起偽卡盜領現金案，三名嫌犯拿著四十六張偽造金融卡連續盜領二百七十五萬元，已經有二十八位民眾受害。由於被偽造的金融卡都是由××銀行發卡，嫌犯又知道每張卡片的提款密碼與存款總金額，警察懷疑××銀行員工提供客户資料，請該銀行密切注意客户資料流向。

四、使用僞造身分證冒領金融卡盜刷

例如：台北市松山分局於九十二年逮捕二名專門偽造身分證，申請現金卡、金融卡的嫌犯，該分局並在兩名嫌犯的身上起出了三張不同的身分證，三家銀行核發的假人頭現金卡。據歹徒供稱，這些假身分證是向友人以一千五百元到四千五百元不等的代價買來，再加以變造，冒請現金卡、金融卡。警察懷疑其幕後應該另有不法犯罪集團，提供民眾遺失的身分證，作為人頭，循線繼續深入追查。

本案發生後，財政部即刻邀集法務部、交通部、警政署、刑事局等單位就相關金融犯罪問題進行會商，要求相關銀行針對可能遭側錄的自動櫃員機，將所有提款人資料調出，並通知更換金融卡，防範再犯。銀行公會也召開同業會議，將金融卡晶片化工作提前在九十三年六月前完成。另加強管理自動櫃員機，每日應不定期實施反偵測、查看錄影帶，以配合警察之戒備外，也取消了安全門讀卡等。

至於世傑問「我該怎麼辦？」，據我了解，警察除了全力偵辦該類案件，並已產生相當的遏阻效果外，另有幾項防範措施，彙整提供參考：

一、呼籲民眾應注意事項：

㈠進入無人銀行刷卡不一定要用金融卡，使用任何磁條式卡片就可以，應將提款所使用之卡片與刷卡進入提款區大門所使用之卡片分開，且這兩張卡的密碼絕對不能相同。

㈡如果沒有其他磁條式卡片可用，非得使用金融卡時，切記門禁刷卡只刷一半就好，照樣可以解除門禁，且帳號不會被全部盜錄。

㈢提款按密碼時，要用皮包、手或衣物遮住上方，避免他人窺視，或被針孔攝影機拍錄密碼。

㈣金融卡密碼，不抄寫在金融卡上或置放金融卡的皮包內。

㈤不可將金融卡密碼告訴他人，即使對方是銀行行員或警察亦然。

㈥提款完畢，記得取回金融卡及交易明細，並立即檢視交易明細內容，也不可隨地丟棄。

㈦千萬不要在來路不明的陌生自動櫃員機提款。如果自動櫃員機的外觀沒有鋼板、燈箱等裝置，很可能就是偽造的，千萬不可使用。

㈧避免使用個人出生年月日、電話號碼、身分證統一編號等作為密碼，以降低被破解機率。

㈨發現金融卡遺失，應立刻向發卡銀行報失。若遇卡片無法提款情事，即刻向銀行查詢。

㈩凡是報廢的電腦、刷卡機、晶片……等「儲存記憶設備」的「硬碟」，應事先拆卸，親自打碎或保管，以防被不法之徒利用，竊取資料偽造信用卡。

㈪刷卡資料，「發票」全都露，偽卡集團從中竊取。業者收銀系統只能印出最後四碼，消費者不可隨手丟棄統一發票。也要防制「捐獻用發票」被惡用。

二、銀行本身加強安全措施探討：

金融卡遭盜領案件一樁又一樁！銀行本身加強安全控管責無旁貸，應儘速加強安全措施，以保障存款人的權益。

㈠金融卡晶片化

由於傳統磁條式金融卡屢遭偽卡集團盜領，不僅金融機構蒙受鉅額損失，也引發廣大存款人恐慌。因此，金融業者準備推出晶片金融卡，將以更嚴謹的安全規格，遏止偽卡集團的不法技倆。據銀行界表示，民眾擔心的「門禁側錄」問題，在轉換晶片卡後將可解決，因為交易系統改採晶片平台，歹徒就算在門禁上側錄到磁條資料，也複製不了有晶片的金融卡。

且每張晶片卡都有「獨特性」，如果不是金融機構「登記在案」的金融卡，根本不能進行交易，可確保持卡人存款的安全。其次，銀行將不再保留客户密碼紀錄，只有持卡人知道，藉此消除密碼因銀行端疏失或弊端流出的可能性。另晶片卡上的密碼設定，將由原本的四碼提高到六到十二碼，歹徒没辦法猜測密碼究竟是幾位數，更加難以破解，安全度大幅升級。

㈡加強偽造身分證之識別能力

金融卡晶片化，雖可遏止偽造卡片的流通使用，但假使不法集團如以偽造身分證申請取得晶片金融卡，再持以冒用，銀行仍莫之奈何，故應加強發卡者鑑別偽造身分證之能力，翔實審核申請者資格，避免因業績競爭而浮濫發卡，造成防制偽卡的漏洞，換來損失。

㈢強化自動櫃員機安全功能

1. 銀行自動櫃員機雖有攝錄提款者影像之功能，但若歹徒戴安全帽及口罩規避閉路攝影機，仍會增加偵辦之困難。台南南台科技大學九十二年七月發表「ATM 預警保全系統」，此系統能利用影像辨識技巧辨識可疑的提款者，如發現有人戴安全帽或口罩，會要求脱掉安全帽及口罩，否則將拒絕提領（九十二年七月三日東森新聞網）。金融界似可評估此一系統之可行性，以嚇止盜領情事發生及增加破案率。

2.中信銀於每台自動櫃員機都有裝感應器，一旦有不法集團要加裝側錄設備、針孔攝影器材時，自動櫃員機的感應裝置就會啟動，並同步連線到監控中心（九十二年十月十三日《經濟日報》）。此一措施，也值得其他金融機構參考。

㈣改進自動櫃員機管理制度：

如前所述，晶片金融卡或可解決磁條式金融卡遭到複製問題，惟全面更換還要一段時間（起碼要到九十三年六月底），在這段「空窗期」，銀行仍應加強安全管理，如：

1.對報廢之自動櫃員機，應予嚴格控管或銷毀，杜絕被重新組裝之可能性。

2.為保障存户權益，金融業者應不定期以先進儀器偵測自動櫃員機周圍的環境，去除可能的側錄與針孔危機，防患未然。

3.銀行應於自動櫃員機周圍加裝監視器，攝錄歹徒犯行，俾利偵查機關偵辦。

碼。

4.銀行應在自動櫃員機上加裝干擾器，防制解頻器盜錄提款人之密碼。

㈤解除門禁刷卡措施

無人銀行門禁刷卡的目的是為安全考量，但現階段每個人都有金融卡，普及率將近百分之九十九（九十二年十月十三日《經濟日報》），等於每個人都可進入門禁的自動化服務區，在此情況下，事實上刷卡入門已失去原先之立意，反而給歹徒側錄金融卡磁條的機會，所以，目前已全面解除。

世傑，我再補充提供簡單而最重要的原則，你可別忘記喔：就是操作自動提款機時，它僅提供「款項」的匯出功能，絕不可能提供「款項」的匯入功能，再者，不可聽由他人指揮操作。

換一句話說：使用自動提款機，無法將他人的金錢輸進自己的帳戶內。同時我們的政府機關，從沒有那麼便民、貼心，急著把「錢」送到你的手上！明白了這些原則，應該心理有數，知道如何避免遭害吧！

最後，我們應該向很快就抓到宋仁照盜領集團的警察鼓掌，道一聲：「讚！」

後語

一般人，向來認為「治安」與空氣、水、垃圾等都是免費不必花錢。沒錯，空氣，不必多言當然是免費。水，只要有辦法，隨意鑿井，原可任意用水，現在則不然，要取得水權才能鑿井，使用自來水當然要付費。垃圾，起碼在台北市是要錢，不久的將來，諒逐漸推廣到全國。治安，由警察負責維護，只要民眾有需要，一通電話，警察就會代為解決。但——

1. 隨著社會結構產生變化，人口集中，致公共事務日增；
2. 生活環境立體化，睦鄰意識鬆弛，固有「守望相助」良俗美德淡化；
3. 交通便捷縮短空間距離，招致犯罪四處流竄；
4. 經濟活躍、科技發展，引起新興犯罪層出不窮；
5. 民眾自掃門前雪，不關心治安；

之下，警察無餘力為民眾，一一排難解紛，將社區安全、消防公共安全等部分事務釋出，由保全、消防等民間公司，以契約方式負責。

換一句話說：為了讓警察有更多的警力、時間來維護公共安全，在使用者付費之原則下，個人身邊，居家，社區安全，應由個人自行負責，這是大家首應改變的觀念。

其次，警察本身也需要調整立場，因為，國家設立警察是為了維護國家社會安全秩序。而維護國家社會安全秩序的最終目的，也就是要保護國民。換言之，警察乃屬於國民的警察，一切警察作為，必須以國民之需要為依歸，維護良好公共秩序，及時服務民眾，保護婦孺老幼弱者，輔助個人及社區安全，防範危害，提供安全、舒適、無憂無懼生活環境。

警察，就是民眾之守護神。

因此，警察應重新認清愛護國民之重責，在民眾心目中，警察猶如廟宇神明一般。當民眾心中有所困惑即祈求神明指示迷津，同樣，民眾遭受危害困難時，首先在腦海浮現的就是——警察，唯一可依賴的也只有警察，所以，警察應該竭盡所能，給予或協助民眾排難解紛。而很多的案例說明，雖然民眾認為「大代誌」的案件，實際上，警察假使能親切、貼心的加以指導處理……等等，便很容易迎刃解決的。

警察既以民眾的守護神、民眾的保母自居，那就要給民眾安全，要給民眾無懼，要給民眾無憂，要給民眾力量，要給民眾勇氣，要給民眾希望，要給民眾光明！

Y檔案：楊子敬教你如何避免被害 ／ 楊子敬,
李仁龍著. -- 初版. -- 臺北市：臺灣商務,
2004[民 93]
面； 公分.

ISBN 957-05-1840-5（平裝）

1. 刑事偵查－通俗作品 2. 犯罪防制－通俗作品

548.692 93001216

Y檔案——楊子敬教你如何避免被害

定價新臺幣 280 元

著作者	楊子敬 李仁龍
責任編輯	葉幗英
校對者	江勝月
美術設計	吳郁婷
發行人	王學哲
出版者 印刷所	臺灣商務印書館股份有限公司 臺北市 10036 重慶南路 1 段 37 號 電話：(02)23116118 · 23115538 傳眞：(02)23710274 · 23701091 讀者服務專線：0800056196 E-mail：cptw@ms12.hinet.net 網址：www.commercialpress.com.tw 郵政劃撥：0000165 － 1 號 出版事業登記證：局版北市業字第 993 號

· 2004 年 3 月初版第一次印刷

ISBN 957-05-1840-5（平裝） 44341000

廣 告 回 信
台灣北區郵政管理局登記證
第 6 5 4 0 號

100臺北市重慶南路一段37號

臺灣商務印書館　收

對摺寄回，謝謝！

傳統現代　並翼而翔

Flying with the wings of tradition and modernity.

讀者回函卡

感謝您對本館的支持，為加強對您的服務，請填妥此卡，免付郵資寄回，可隨時收到本館最新出版訊息，及享受各種優惠。

姓名：________________________ 性別：□男 □女

出生日期：____年____月____日

職業：□學生 □公務（含軍警） □家管 □服務 □金融 □製造

□資訊 □大眾傳播 □自由業 □農漁牧 □退休 □其他

學歷：□高中以下（含高中） □大專 □研究所（含以上）

地址：□□□ ________________________________

____

電話：（H）________________（O）________________

E-mail:

____

購買書名：________________________________

您從何處得知本書？

□書店 □報紙廣告 □報紙專欄 □雜誌廣告 □DM廣告

□傳單 □親友介紹 □電視廣播 □其他

您對本書的意見？（A/滿意 B/尚可 C/需改進）

內容______ 編輯______ 校對______ 翻譯______

封面設計______ 價格______ 其他______________

您的建議：________________________________

____

____

臺灣商務印書館

台北市重慶南路一段三十七號　電話：（02）23116118・23115538

讀者服務專線：0800056196　傳真：（02）23710274・23701091

郵撥：0000165-1號　E-mail：cptw@ms12.hinet.net

網址：www.commercialpress.com.tw